JN139373

# 世界のトップリーダーに学ぶ
# 一流の「偏愛」力

Forbes JAPAN副編集長
経済ジャーナリスト
谷本有香

Discover

世界のトップリーダーに学ぶ

# 一流の「偏愛」力

# まえがき

「これまでお会いになったトップリーダーで、もっともスゴイと思った人は？」

「谷本さんが今まで取材したなかで、一番ロールモデルになりうると感じたのは誰ですか？」


雑談や講演の質疑応答で、数え切れないほどいつも聞かれる質問です。

おそらく質問してくださる方は、私がお会いしたことのあるジョージ・ブッシュ元米大統領やアップル共同創業者のスティーブ・ウォズニアック氏のような、いわゆる「ビッグネーム」の名前を聞きたかったのではないかと思うのです。

私はそれにどう答えているか。じつはここ数年、一度も答えることができずにいます。

私がお会いしてきたどの方も本当に素晴らしい功績を残していらっしゃるし、

リーダーとしても人間としても学ぶべきところばかりの方たちです。もっと言えば、たとえどんなに私が学んだとしても、決して到達することができない雲の上の存在のリーダーたちばかりでしょう。しかし、そのなかでたった一人と言われると、絞り込めずに毎回頭を悩ませてしまうのです。

10年前に同じ質問をされていたら——実際、当時も多くの人からその質問を受けました。そしてその時々に、直近でお会いした、一番圧倒された大物の名前を出していました。

けれど、時代の変遷にあわせて求められるリーダー像や資質も変わりつつある今、同じ質問を受けたとき、私の頭のなかで渦巻いているのは、**名だたる世界のトップリーダーも、目の前のあなたも、じつはそんなに変わりはないですよ**、という思いなのです。

あなたにもリーダーとして素晴らしい部分がいっぱいあるし、それは、私がお会いしてきたようなトップリーダーになりうる要素を多分に含んでいますよ、と思っているのです。だから、一人の名前をあげることができないのです。

実際、お会いしてきたトップリーダーたちは、完璧でも聖人君子でもありません。皆、苦手なことや、人間的な欠落部分も持ち合わせている、どこにでもいるような「普通の人間」なのです。ＴＶのモニターや雑誌の誌面を通じて見ると、手の届かないような完璧な人に見えるかもしれません。ただ、生の声を聞き、その方の言動を見、少しの時間をともにする眼前のその「偉人」は、人間臭い、私と同じ「ただの人」なのだと気づかされるのです。

冒頭の話に戻りますと、「もっともスゴイと思ったリーダー」「ロールモデルになるリーダー」という質問に関しては、その方が考える「リーダーの定義」『スゴイ』の定義」によって、また「どんなリーダーになりたいか」「どんなリーダーに憧れるのか」によっても変わってきます。だから私は一人に絞れず、押し黙ってしまうのです。

ただ、そんな彼ら「トップリーダー」には共通している条件があります。

それは、何かしらの「強い思い」をもって生きていること、そしてその思いを、それぞれの手段を使い、社会に還元しているということです。私は本書でこれを、**「偏愛力」**という言葉で表現させていただきました。

どんな人でも、自分が大好きなこと、熱中してしまうこと、やめろと言われてもやり続けてしまうこと、また、どうしても意識がそちらに向いてしまうこと――そんなエネルギーレベルの高いことがあるのではないでしょうか。

それらを使って、社会との接点をつくっていく。それが結果的に、多くの人たちの共感を呼び、信頼を集め、その人を時代のリーダーへと押し上げていくのです。

そして、昨今、その傾向は益々強くなっていっていると感じています。

本書では、そんな「好き」をベースに時代をリードしていっている人たちの条件や事例などを挙げながら、少しでも読者の皆さまがより楽しく、自分らしく、成功や自身の描く理想に近づけるようにお手伝いができたらと思っています。

第1章では、従来型のリーダー像と、これからの時代のリーダー像は何が違うのか、「旧来型」から「新時代型」へと移行していくにあたって必要となるものは何か。時代をリードする人たちの共通点を明らかにします。

第2章では、トップリーダーに共通する「偏愛力」とは何なのか、そして、それをどう使えばよいのかをご説明し、誰でも成功する時代に入ってきている具体例などを見ていきたいと思います。

第3章では、皆さんが新しい時代のトップリーダーになるためには、どのような「新常識」を身につけたらいいかをご提示します。

第4章では、トップリーダーたちがどのように自身の「感性」を高めているのか、具体的な習慣を見ていきます。

最後の第5章では、自身の強み、自身の「好き」をもっと増幅させて、より社会に貢献・還元していくために何をしていけばいいのか——大切なことを論じていきます。

ＡＩの時代になり、やりたくないこと、作業的なことはコンピューターやロボットがやってくれるようになります。つまるところ、人間は「好き」なことだけをしていけばいいのです。「好き」に忠実に生きていくことで、成功をも引きつけることができる——**自分自身の「好き」が武器になる時代なのです。**

本書が、皆さんがご自身の「好き」をさらに開花するきっかけになれば、このうえなく幸いに存じます。

## 第1章 21世紀、時代をリードする人の条件 015

正しい変化をしていける人だけが、新時代を生き残ることができる 016
旧来型リーダーは「保持」「継続」を、新時代型リーダーは「進化」「成長」を志向する 021
3000人以上のリーダーに出会ってたどりついた、生き残る人の共通点とは？ 026
「代替不可能な人材」になるということ 030
「仕事を楽しむ」リーダーが、これからは最強である 034
「好きなことを仕事にする」≠「好きなように仕事をする」 037
堀江貴文さんに学ぶ「プロジェクトプランナー」という働き方 041
プロジェクト型の仕事にこそ、「それが好きかどうか」が重要だ 044
生産性や効率では、もはや人も企業も生き残れない 048
95％を大事にすると失敗する。5％を大事にすると成功する 052
新時代型リーダーは「カリスマタイプ」より「同級生タイプ」を志向する 056
新時代型リーダーはフラットな組織を志向し、少数意見に着目する 062
「熱中するほど好きなことで、他者貢献できるもの」を見つけよう 065

第2章

# 偏愛＋共感＝信頼

偏愛＋共感＝信頼 073
すべての仕事の「軸」はビジネス・アイデンティティにある 074
ＡＩが普及すると、「好きなこと」「やりたいこと」が大事になる 080
個人の「信頼」が世界を動かす時代がやってきた 086
信頼経済では、「好きなことで他者貢献」が最高の評価を生む 092
「普遍性」より「偏愛性」 096
４０００万人が共感した「Why-How-What」の法則 102
「日本的チームワーク」こそが世界に通用する最強の武器となる 107
ダブルワークの波を利用して、「好き」から派生する仕事を複数持つ 113
「悪目立ち」はしないと決める 118
「Ｗｅ」ではなく「Ｉ」で語る 123

第3章

# トップリーダーに学ぶ 新しい価値を生みだす人の「新」常識


129

過去の常識をアップデートし、「新」常識へと意識をシフトする 130

「新」常識1 30年先より100年先のビジョンを語る 134

「新」常識2 過去の事例から答えを学ぶより、自分自身で答えを創り出す 138

「新」常識3 判断基準は「マーケットがあるか」より「価値があるか」 142

「新」常識4 「ストーリー」はもう「一瞬」にはかなわない 145

「新」常識5 同業者より「異能者」を重用する 149

「新」常識6 「社内」の親睦より「社外」の親睦を深める 153

「新」常識7 確実な理論よりも「ゆらぎ」を大事にする 157

第4章
トップリーダーに学ぶ「感性」を高める14の習慣 161
トップリーダーは「感性を刺激する」ことを習慣化している 162
I 新しい体験をする 167
習慣1 自分の考えと「違う」意見をあえて言ってみる 168
習慣2 小さな失敗体験を7回以上くり返す 170
習慣3 「ムダなこと」をやり続けてみる 173
習慣4 「メタ認知ブック」で感情を整える 176
習慣5 自分で考えたビジネスを実際にやってみる 179
習慣6 「クレイジージャーニー」に出かける 183

## II 創造ライフを取り入れる 187

習慣7 SF小説を読む 188

習慣8 アートを鑑賞する 191

習慣9 禅的習慣を取り入れる 193

習慣10 非言語コミュニケーションに触れる 198

## III 人に会う・コミュニティに参加する 201

習慣11 新幹線や飛行機の座席は必ず「真ん中」を選ぶ 204

習慣12 年下のメンターを持つ 205

習慣13 コミュニティに参加してみる 208

習慣14 自分が何レンジャーかを知る 211

第5章 マッド・ジーニアスを磨く 215

自分の「マッド・ジーニアス」に気づく 216
成功者とは、「マッド・ジーニアス」を見つけて育てるプロフェッショナルである 222
「面白いこと」をするより、「面白くないこと」をしない方法を考える 226
仕事が面白くなかったら、その理由を「因数分解」する 230
学ぶなら、経営学やマネジメントより「哲学」と「心理学」 236
「利他行動の循環」で成功も幸せもやってくる 243

あとがき 「ライフ・アイデンティティ」を見つけよう 247

第1章

# 21世紀、時代をリードする人の条件

## 正しい変化をしていける人だけが、新時代を生き残ることができる

ビジネスの世界において今もっとも注目されているトピックのひとつに、AI（人工知能、Artificial Intelligence）があります。ビジネス誌やウェブでその名を見ない日はないと言っていいほどです。

しかし、AIをめぐる議論のなかでよく言及されるある話題に、私は少なからず違和感を覚えています。

それは、「AI時代が到来することによって、どの職業がなくなるのか」という

トピックです。

ＡＩの到来により、アミューズメント施設やホテルの受付業務、コールセンター業務や事務仕事など、さまざまな職業が淘汰されていくと予想されています。

しかし、私の認識は少し異なります。

**ＡＩの到来によって淘汰されるのは「職業」ではなく、ＡＩ時代に対応できない「人」のほうです。**

受付業務という職業がなくなるわけではなく、受付業務で成果を出せない人がどんどんＡＩにとって代わられるのです。極端な言い方かもしれませんが、これからは「成果を出せない人は必要とされなくなる時代」へと急速に変化していくことでしょう。

なぜ私がこのような話を冒頭にしたかというと、この認識を正確に持っているかどうか、それがこれから先の「新時代」を生き抜くビジネスパーソンとして活躍できるかどうかの「境界線」となるからです。

そうした流れをどう捉え、働き方をどのように変化させていくのか、私たちは今、真剣に考えなければいけません。

ここにひとつ、興味深い調査結果があります。

２０１５年に、野村総合研究所が「人工知能やロボット等を活用して労働力を補完した場合の社会的影響」について発表した研究結果によると、10〜20年後の職業のうち日本の労働人口の約49％が就いている職業が代替可能になるという推計結果が得られたというのです。

ちなみにこの研究では、６０１に及ぶ職業について、さまざまな基準値から分析した結果、先ほどの数字が導き出されたようです。それほどＡＩは働き方に大きな影響をもたらすものとして、もはや無視できなくなっているのです。

Ｐｅｐｐｅｒが店頭で私たちを出迎えるのも今では日常風景となり、居酒屋ではタブレット端末で注文。レジに店員がいないお店すら増えてきました。ビッグデータの活用が普及したことで在庫管理も速く正確になり、人の経験や感覚より優先されています。

新しい時代の働き方にシフトしていかなければいけない――そう思う人が増える一方で、どう働き方を変化させればいいのか、多くの人が方向を見失っています。実際、そんな悩みをたくさん聞いてきました。

- **世の中がどう変化していくのかわからず不安だ**
- **どう時代に対応していいのかわからない**
- **自分の思うような仕事ができていない、毎日がつまらない**
- **うまく結果を出せない、この仕事は長くは続けられない**
- **これからの働き方を知っておきたい、でないと時代に置いていかれる**

もしあなたがこうした悩みを少しでも感じたことがあるなら、次のことを心に留めておいていただきたいと思います。

今の働き方を変えられない人は、残念ながらこれからの時代を生き残っていくことはできません。また、間違った働き方にシフトしてしまう人も、やはり淘汰されていかざるを得ないでしょう。

**「正しい変化」をしていける人だけが、新時代のリーダーとして生き残ることができるのです。**

時代を牽引するリーダーになるのか、それとも旧来型ビジネスマンとして淘汰されていくのか、これから数年で明確に二極化していきます。仕事で結果を出そうと思ったら、時代を捉えて、どう変化していくべきか、それを知らなければいけません。

その意味で本書は、ビジネスの最前線の知見を通して、これからの働き方を知る本であると同時に、新時代型リーダーになるための本でもあるのです。

「これから」のリーダーは、「これまで」とはまったく異なります。

## 旧来型リーダーは「保持」「継続」を、新時代型リーダーは「進化」「成長」を志向する

少しだけ、私の話をさせてください。

私はこれまで、ずっと「経済・金融」の分野で仕事をしてきました。とはいえ、分野は同じでも、真逆といっていいほど性格の異なる企業に籍を置いてきました。

特にその差が顕著だったのが、かつて四大証券会社といわれた旧山一證券と、時代のリーダーたちを常に追いかけるフォーブス ジャパン編集部での経験です。

山一證券はかつて誰もが知る大企業、日本の金融業界をリードする存在でした。1897年に創業し、戦後の一時期には日本最大の業績を誇る証券会社として存在感を放っていたようです。高度経済成長の後押しもあって業績は伸び続けていました。「銀行と証券会社は安泰」というイメージが世間に定着するほど、時代のリーダーとして社会を引っ張る存在になっていました。

そんな山一證券が1997年11月に自主廃業したというニュースは、瞬く間に世間に広がりました。これほどの大企業でも廃業することがあるのかと、働いている私たちでさえ想像だにせず、当時は心底驚いたものです。

しかし、その後、アメリカでMBAを取得し、金融経済キャスターを経てフォーブス ジャパン副編集長となった今になってみれば、その理由がよくわかります。**山一證券は確かに金融業界における「リーダー」でしたが、典型的な「旧来型」のリーダーだったのです。**

旧来型のリーダーとは、「継続」を大きな柱とするリーダーです。継続するための仕組み（働き方）、継続するための人材（働き手）、継続するための理念（働く理由）

により、安定した企業を構築します。もちろん、それはひとつのリーダーのあり方として機能していました。

しかし、これからの新時代に生き残っていくのは「進化」を柱とするリーダーです。言いかえれば、自ら新たな価値を創り出していくことができるリーダーだけが生き残ることができる——そういう意味においては、新しく生まれるビジネス、スタートアップ企業のリーダーたちは、まさにそれに該当するといえそうです。

たとえば、メルカリ。スマホで誰でもいつでも簡単に売買が楽しめるという新たな価値を生み出しました。フリーマーケットは元から存在したものです。それを新たにスマートフォンのアプリを使って進化させることによって、価値を創造したのです。

実は先日、どうやったら、旧態依然としたビジネスをしている企業のリーダーが新たな価値を生み出していけるのかという質問に対して、そのメルカリ取締役社長兼ＣＯＯの小泉文明（こいずみふみあき）さんがこんなことをおっしゃっていました。

## 「新しい価値や時代を自ら創り出すか、それにすぐに乗っかるか、または座して死を待つか――そのどれかだ」

つまり、今の時代、進化し続けない者に待っているのは「死」なのです。

もちろん、山一證券も進化を目指してはいたでしょう。けれど、自ら新たな価値を生み出していくという進化に重きをおいていたかというと、そうではなかった気がするのです。そして、未だ旧来型のリーダーに囚われている会社は、世の中にたくさん存在しています。

たとえば、日本の大手銀行に目を向けてみましょう。他国の銀行などに比べてPBR（株価純資産倍率、Price Book-value Ratio）が一倍以下のところも多く、これは「経営者の落第点」と解釈する向きがあってもおかしくありません。つまり、投資家から見て、経営者がその企業の純資産に対して、リスクに見合う分以上の利益を追求するような経営を将来行うと考えられていないということなのです。

これは、健全な進化・成長に対する渇望があるかどうかを投資家が純粋に判断した結果です。つまり、「保持」「継続」といった旧来型の考え方・働き方では、これからの時代に利益をあげ続けることはできないと投資家たちが考えていることを如実に表しています。

旧来型の働き方をしていた山一證券と、新時代をリードするフォーブス ジャパン。

その「両極端」を経験したことは類をみない経験だと今は思います。その貴重な経験を通して、私はこれからの時代において「消える働き方」と「生き残る働き方」があるということに気づくことができたのです。

# 3000人以上のリーダーに出会ってたどりついた、生き残る人の共通点とは？

企業を例にしてお話ししましたが、これからの時代においてより変化が求められるのは「人」、つまり私たち自身です。

これまでリーダーとして人を指導したり、情報発信したりしてきた人であっても、これからの時代に求められる素質を備えていかなければ、生き残ることはできません。ただ、それは悲観すべきことではなく、**対応していくことができれば、誰でも新しい時代のリーダーになれる、ということです。**

それを私に教えてくれたのが、新旧のトップリーダーの方々です。

私はこれまで金融経済キャスターの経験を活かし、十数年におよび新旧3000人以上のトップリーダーたちと出会い、インタビューしてきました。過去には、トニー・ブレア元英首相やスターバックス元会長兼CEOのハワード・シュルツ氏、個人投資家のジム・ロジャーズ氏やノーベル経済学賞を受賞されたポール・クルーグマン氏など、世界的なVIPから大企業の経営者まで、数え上げればキリがありません。

経営哲学やビジネスに関する話題はもちろん、趣味や家族など、仕事以外の部分にも踏み込んだインタビューをすることで、「人となり」も含めて、その人たちをできるだけ感じてきました。

なぜなら、そこにこそ彼らが「成功者」として活躍するにいたった要因の数々が、垣間見られたからです。私は何度も何度も、彼らの哲学や人柄に触れ、感銘を受けてきました。

でも一方で、どうにも腑に落ちないと申しますか、次のような疑問を感じずにはいられないリーダーの方もいらっしゃいました。

「この人は本当に10年後も会社や社会、日本を引っ張っていけるのか？」

**正直な気持ちを申し上げるならば、特に日本人の経営者に対してそのように感じることが多いのです。**創業者や起業家の方であればそのようなことはほとんどないのですが、そうではない経営者の方の多くに、私はこうした疑問を感じていました（もちろん、そうでない方もたくさんいらっしゃるのですが）。

とはいえ、これまではその疑問の答えが見つからなかったので、私の胸のなかだけにひっそりと留めておくつもりでした。事実、私はこの疑問について、10年以上ものあいだ人に言ったことはありません。ビジネスパートナーはもちろん、親友にも、家族でさえも口にすることはありませんでした。

そんな私でしたが、フォーブス ジャパンでの仕事を通して、長年抱いてきたことの答えに驚くほどアッサリと気づくことができたのです。

そしてその答えは、これからの時代を迎えるすべてのビジネスパーソンにとって役立つ内容といえるものでした。だからこそ私は、本書を通してその内容を多くの人に届けたい、そう思い執筆を決意したのです。

では、なぜフォーブス ジャパンが答えを導いてくれたのか。それは、同誌が圧倒的に「イノベーター」に注目しているからです。

# 「代替不可能な人材」になるということ

フォーブス ジャパンは、世界的な経済誌である「フォーブス」の日本版として「日本人のための日本語で読むグローバルなビジネスマガジン」を掲げて、世界中のビジネスコンテンツや独自のランキングなどを紹介する雑誌です。

もともとは資産の多い富裕層向けの雑誌でしたが、スタートアップなどのテーマに切り替えたことで、より人気を得ています。時代をつくり、新たな価値を創造している人に重点を置いて取り上げており、今では一部のビジネスパーソンにとってはなくてはならない雑誌にまで成長しました。

たとえばハーバード・ビジネス・スクール教授で「破壊的イノベーション」を提唱したイノベーション理論の大家であるクレイトン・クリステンセン氏、日本でいえば研究者でメディアアーティストでもある落合陽一さんなど、ディスラプター（＝既存の市場原理を変化させるほど画期的なビジネスを展開する人や企業。時代の寵児）といわれる、「新たな意義」をつくる人たちを取り上げています。

日本の経営者や金融経済界の重鎮ばかりと接してきた私でしたが、イノベーターと呼ばれる方々は、働き方も考え方もまったく違います。

**一番わかりやすいのは、インタビューにおける「代替可能性」です。**

イノベーターの方々は掘れば掘るほど新しい価値観が出てきて、終わりが見えません。だからこそ納得感も訴求力もあり、メディアでも取り上げられやすい。

一方、私が出会ってきた「旧来型」の日本人経営者の方々の多くは、そこに自分自身の価値観が何％含まれているのか、まったく見えてきませんでした。「この人」である必要性はどれくらいあるのかがわからず、言うなれば**「代替可能な人」**のように感じられたのです。

視点を世界にやると、その差はさらに顕著です。

海外ではすでに、自分が新しい価値創造をしない人は、リーダーとして認められません。わかりやすい例でいえば、フェイスブックの創始者であるマーク・ザッカーバーグ氏や中国でアリババを展開するジャック・マー氏などです。彼らは絶対に「代替不可能」な人材として君臨しています。

代替可能な人材か、それとも代替不可能な人材か。

私が長らく抱いてきた疑問の答えは、この一点に集約されていました。それは言いかえれば、価値を創る人かどうかということでもあります。


長年にわたって多くのトップリーダーたちに取材を敢行できたのは、私にとって本当に幸運なことでした。でも今になって思うのは、長年インタビューしてきた話の「内容」自体より、**新しい価値をつねに創造し続けている人というのは、一体どんな人たちなのか**をリアルタイムでつぶさに見続けてこられたことのほうが、はるかに重要な気づきと知見をもたらしてくれたということです。

私は長年の取材活動を通じて、どんなに有名な経営者よりも「長く活躍する経営者」の共通点を知ることができ、また同時に、一度はトップに登りつめながらも、その後新しい価値を創造し続けることができなかった人たちも数多く目にしてきました。彼ら一人ひとりがどう世の中を捉えて変化しているのか、または変化できなかったのかを見てきたのです。

誤解がないよう断っておくと、彼らは決してリーダーとして不適切だったわけではありません。彼らはまぎれもなくその時代のリーダーといえる方々でしたし、実際に私では足元にも及ばないような優秀な方々ばかりです。表舞台には出てこなくなっても、その組織には欠かせない存在としてあり続けている方も、もちろん多くいらっしゃいます。

**ただ、これからの時代に新しい価値を生み出し続けるリーダーではなかった。それだけです。**それほど、新時代のリーダーには従来のリーダーとは異なるものが求められています。

新時代のリーダーたちはある一点において「共通点」を持っている――それが私の気づいたことであり、本書のテーマとなっていきます。

# 「仕事を楽しむ」リーダーが、これからは最強である

これからの新時代を牽引していくリーダーたちは、自らが価値創造をする「イノベータータイプ」のリーダーです。一見、異なる価値観を持っている彼らですが、ある一点においてのみ「共通点」を持ち合わせています。それは、とてもシンプルなものでした。

その共通点とは、**「仕事を誰よりも楽しんでいる」**ということです。

言葉にすると「なんだそんなことか」と思われるかもしれません。しかし、時代を引っ張るリーダーとそうでない人の共通点は、追及すればするほど、この一点にしか見出せないので、ビジネスとは面白いものだと思うばかりです。「仕事を楽しむ」ということは、それほど今後のビジネスシーンにおいて、「最重要」とすべき要素になってきています。

では、どのように「仕事を楽しんでいる」のか、もう少し見ていきましょう。

彼らは仕事を楽しんでいるのですが、「仕事だけ」を楽しんでいるわけではありません。**「仕事」「家庭」「趣味」などのカテゴリ分けを一切せずに楽しみます。**

仕事をしている時間がプライベートの時間でもあり、仕事をしている時間が趣味を楽しむ時間にもなっているということです。その意味では「仕事を楽しんでいる」ことを通して「人生を丸ごと楽しんでいる」といえるかもしれません。

ここが、ただ「仕事を楽しむだけ」とは違う部分です。

なぜそこまで楽しめるかというと、彼らは「好きなことを仕事にしている」からです。「好きなことを仕事にしている」から、仕事の時間がプライベートの時間と同化し、趣味の時間のようにもなります。

もちろん、旧来のリーダーも決して仕事が嫌いだったわけではありません。しかし、己のなかから生まれる「好き」によって、価値を創り出し続けなければ死んでしまうといった、一種の狂気のようなものはありませんでした。

**じつはこの「好き」という変数こそ、AIと共存するこれからのビジネスシーンにおいて生き残れるかどうか、私たちに残された最大の武器となります。**

AI時代に生き残るリーダーとは、これまでイノベーターと呼ばれてきた人たちに極めて近い、ひと言でいえば「代替不可能な人材」です。それを可能にするのが、ほかならぬ「好き」という変数なのです。

「好き」を仕事にする、というのは、これまで何度も言われてきたことじゃないか、という意見もあるかもしれません。確かにそのとおりです。しかし、「これまで」に言われてきた文脈とはまったく別物と考えてほしいと思います。

## 「好きなことを仕事にする」≠「好きなように仕事をする」

これまで「好きなことをする」という文脈で語られてきたのは、画一的な仕事をする組織になじむことができず、**「好きなように、自分のペースで仕事をする」**ために行動してきた人たちです。彼ら彼女らは、毎日同じことのくり返しよりも、自分の好きなやり方、スタイルで仕事をしたいという思いを持っていました。そのため、好きなように仕事ができないと感じると、次第に企業を離れていくこととなりました。

**そうした人たちの代表的な例が「フリーランス」です。**

フリーランスはひと昔前に比べたらずっと増えました。フリーランスを支援するセミナーやイベントもいたるところで開催され、関連本もたくさん出版されています。彼ら彼女らの多くが、「自分らしく」仕事をしたいという行動原理で動いており、自分の理想的な仕事のやり方を追求しています。

もちろん、「好きに仕事をする」というのは、フリーランスに限らず一般のビジネスパーソンにも広く浸透しつつある考え方です。小室淑恵（こむろよしえ）さんが提唱した「ワーク・ライフバランス」という言葉が社会に定着したのも、仕事とプライベートを自分の理想的なバランスに保ち、自分らしく仕事をしたいという社会背景があったからこそだと思います（もちろん、育児や介護などの事情で仕事のやり方を自分なりに考えざるを得ない方もいるでしょう）。

また、仕事前に「朝活」をしたり、仕事後にジムに通ったりする人も今では珍しくありませんが、やはりこれも自分らしいバランスで仕事をしたい人たちが、仕事とプライベートを上手に区切って人生を楽しむためのものといえます。

実際に私のまわりにも、それで仕事の質や人生が変わったという人が、何人もいます。ですから、私は「好きなように、自分のペースで仕事をする」働き方を否定しません。それはその人にとって必要な働き方なのだと思います。

ただ、本書でご紹介するのは、残念ながら、その働き方ではありません。

**新時代のリーダーたちは「好きに仕事をする」のではなく、「好きなことを仕事にする」人たちです。**

従来の「好きなように、自分のペースで仕事をする」人たちと決定的に異なるのは、**「好きなことを仕事にする」ために組織やチームで働こうとする**ところです。会社や組織を離れるのではなく、むしろ会社や組織を必要として、そのなかで働こうとしています。

もちろん、会社や組織のなかで画一的な仕事を望んでいるわけではありません。「好きなこと」を仕事にし、それぞれの強みを発揮しあってチームメンバーたちとともに成果を高め合うという感覚です。

ですから、本書ではみなさんに独立や起業をむやみに勧めるようなことはしません。会社や組織のなかでも「好きなことを仕事にする」ことはできる、そうすることによって、誰もがリーダーとして活躍できるということを本書で述べていきます。

独立している人に関していえば、これからは組織やチームをどう巻き込んでいくかを考えなければ生き残っていくことは難しい、ということでもあります。

**好きなことをする仲間たちと高いレベルで仕事し、新しい価値創造をするために組織やチームを必要とする。それが新しい時代を生き抜くための働き方です。**この点だけは、ＡＩでは決して担えません。

好きなことを仕事にする――。

そんな働き方ができる人こそ代替不可能な人材であり、その一人ひとりがこれからの時代で活躍を見せるリーダーでもあるのです。

# 堀江貴文さんに学ぶ「プロジェクトプランナー」という働き方

いま新時代のリーダーの代表格として思い浮かぶのは、ホリエモンこと堀江貴文(ほりえたかふみ)さんです。堀江さんとはこれまで何度か一緒にイベントで登壇させていただいたことがあり、株式会社オン・ザ・エッヂを経営されていた頃からそのご活躍を拝見していました。

歯に衣着せぬ物言いがしばしば物議を醸しますが、人の感情の「機微」を敏感に捉える方なので、世間に対して物事の「正しさ」を問うために、あえてヒール役を演じてらっしゃるのではないかと思うくらいです。

そんな堀江さんは起業家として注目された時期もありますが、時代の流れをいち早く読み取り、今では新時代のリーダーの筆頭格として、その存在感を放たれています。もう会社の経営職に就いていないことが、それを象徴的に物語っています。

それよりも、有料メルマガやセミナー、情報発信を通して全国に「門下生」を増やしています。「私塾」のようなイメージに近いかもしれません。そのなかで、自分の持っている情報や知識を惜しげもなく提供されており、「自分も同じようにやってみよう」と共感する人を増やしています。その意味で「チームホリエモン」をつくっているのです。

ときに会社の経営者であり、サービスの開発者であり、事業への投資家であり、人々へ知識を伝える講演家でもある。その時々の流れに合わせながら自分の好きなことをやり続ける働き方こそ、まさに新時代を迎えるリーダーの特徴です。**これからはひとつの名刺を持ち歩くのではなく、「異なる名刺」を持つ働き方こそ常識となります。**

ちなみに堀江さんは現在、30近くのプロジェクトにかかわっているそうです。プロジェクトごとにさまざまな役割をされていると思いますが、自分自身が「ハブ的役割」を担い、人と人をつなぐ拠点となったり、情報発信されたりしていることは確かです。私は今、このような働き方を**「プロジェクトプランナー」**と呼んでいます。

これまでの時代では、自分自身の役割や肩書きは「ひとつ」というのが主流でした。しかしこれからの時代では、「好きなことをやる」のが働き方の主流となるため、**好きなことがたくさんあれば、堀江さんのように30もの肩書きを持つ人がいても不思議ではありません。**

それぞれに異なる名刺があり、それらのプロジェクトを次々に立ち上げていく人がプロジェクトプランナーとなっていくのです。

# プロジェクト型の仕事にこそ、「それが好きかどうか」が重要だ

プロジェクト単位で働く場合と、企業で働く場合の違いを簡単に対比すると次のページのようになります。

**プロジェクト単位で仕事をする際の最大の特徴は、自分の好きなことや能力を発揮しやすい仕事ができるという点にあります。**会社の垣根を越えて人が集まってプロジェクトメンバーをつくり、そこでひとつの成果を出して利益も共有する、とい

## [ 企業での働き方とプロジェクト単位での働き方 ]

| | 企業での働き方 | プロジェクト単位での働き方 |
|---|---|---|
| 仕事内容 | その企業が請け負う仕事をする | 好きなことができる仕事にかかわる |
| 契約スタイル | 企業と就業契約。プロジェクトが終わっても企業との契約関係は継続 | プロジェクト単位で業務委託契約。プロジェクトごとに契約は終了 |
| メンバー | 同じメンバーでさまざまな仕事をしていく | プロジェクトが終わればメンバーは解散。プロジェクトごとにメンバーは異なる |

う働き方です。

その目的が達成されれば、基本的にはプロジェクトは終了となり、メンバーも解散します。ひとつの目的のために集まった「ベストメンバー」で仕事をするイメージです。


アニメや映画などで「◎◎製作委員会」などと表記されているのを見たことがある人もいるかと思います。そのアニメや映画の製作をひとつの企業が請け負うのではなく、さまざまな企業が出資して共同で作品の製作に参画し、また告知やPRをしていくというものです。

たとえば、2016年に公開され社会現象ともなった新海誠（しんかいまこと）監督の長編アニメーション映画「君の名は。」でもその方式が採用されており、製作会社は『君の名は。』製作委員会」とされています。

これまでは主に、制作費用が多額にのぼる映画のような規模の大きいプロジェクトにおいてこうした仕組みが採用されていましたが、10年もたたないうちに、もっとさまざまな規模・業種で、このようなプロジェクト型の仕事が増えていくでしょう。

そのとき、**あなた（あるいはあなたの会社）はどのプロジェクトに参画するのか、それを決めるのは、「それが好きなことかどうか」しかありません。**

プロジェクト単位の仕事では積極的な参加が前提で、自分は何を提供できるのか、つまり自分の役割をはっきりさせる必要があります。やりたくない、好きじゃないという理由でモチベーションを欠く人はプロジェクトに必要ないのです。

「好きなこと」を明確に持たないと、仕事を選択することもできなくなるのです。

# 生産性や効率では、もはや人も企業も生き残れない

「好きなことを仕事にする」という話をするとき、必ず質問されることがあります。

それは、次のようなものです。

「現実的には、生産性をどう高めるかが経営にとっては大事ではないか」

「そうすることで仕事の効率は上がるんですか？」

経営者の方々が集まるようなセミナーやイベントに行くと、必ずといっていいほど耳にする常套句です。

**しかし極端にいえば、これからの時代に「生産性や効率」は必要ありません。**むしろ「生産性や効率」を未だに追い求め続けるならば、企業であっても人であってもこれからの時代は生き残れないでしょう。

「5時間かかっていた作業が1時間で終わる」
「もっともムダのない、効率的なシステムを見つける」
「膨大なデータを分析して結果の予測を立てる」

これまでは時間短縮や生産性を高めることが、そのまま成果に直結したり、私たち自身の「人生の時間」を確保したりすることにつながっていました。1日の食費を得るために1日以上の時間がかかっていたら生活はできません。生活のためにも、生産性や効率は重要な課題だったといえます。

**しかし、その作業はこれからすべてロボティクスやAIが代替していきます。**生産性や効率はAIがもっとも得意とする部分です。いくら企業全体や個人の生産性を高めてもAIには勝てません。24時間フル稼働が可能で、大量のデータから瞬時に「回答」を導き出す相手に打ち勝つことは、どんなに優れたビジネスマンでも不可能です。たとえば、アメリカではすでに多くの企業がRPA（Robotic Process Automation）を導入し、普段オフィスなどで行っているパソコン上の業務で、とりわけ面倒で煩雑なルーチンワークを人間に変わって片づけてもらうことによって、効率化を進めています。

IBMが開発したAI「ワトソン」は大量の医学論文を読み込むことで、患者の症状からでは判断が微妙な病気の予測を行い、薬の処方まで提案するなど、すでに医療の現場で重要な役割を担いはじめています。将来の経済成長を予測して企業のコンサルタントをしたり、ウェブ上のカスタマーサービスとして顧客対応に用いられたりと、AIの導入は各所で進んでいます。

そのような背景を踏まえると私たちは、ＡＩではできない、ＡＩとは異なる価値創造をする仕事をしていかなければなりません。つまり、**生産性や効率とは異なる部分で価値創造をする働き方が求められる**ということです。

その働き方とはどのようなものか、それをこれから具体的に説明していきましょう。**キーワードは「偏愛」と「共感」です。**

# 95%を大事にすると失敗する。5%を大事にすると成功する

今、大企業の経営者の方ほど、「マスに向けた商品を作っていてはもうダメだ」とおっしゃいます。

「95%の人に訴求できるだろう」というマス向けの視点で商品開発するのではなくて、**「対象は狭いかもしれないが、コアな人が求めているのはこれではないか」**あるいは、**「多くの人のことは知らないが、自分だったらこういうものが欲しい」**といった視点でものを作る。**そういうやり方でないと生き残れない**ということです。

というのは、液晶テレビでも清涼飲料水でも、マスに向けた商品ではもうほとんど差をつけることができなくなっています。95％に向けた商品であれば、いかに安価に大量生産するか、すなわち生産性や効率が全体の利益を大きく左右する要素になります。しかしモノや情報があふれ返り、じゅうぶん質の高いものが容易に手に入るようになった昨今、生産性や効率だけでは、消費者を一様に振り向かせるような画期的な商品は生まれません。

これからの時代、より細分化されたニーズに対応した商品やサービスだけが消費者に選ばれる市場へと変化していきます。必然、私たちの仕事もそれを生み出す仕事へと切り替えていかねばなりません。

ちなみに、5％の人のために商品を作ろうとしたからといって、5％の人にしか商品が売れなくなるというわけではありません。5％の人に話題になったものがどんどん拡大していって、気づけば95％の人たちに浸透している、という例はたくさんあります。

**5％の人の「共感」を深く得られれば商品は拡散していくのです。**

大ヒットしたコミック『宇宙兄弟』の編集者、佐渡島庸平（さどしまようへい）さんのご著書『WE ARE LONELY, BUT NOT ALONE.』（幻冬舎）によると、宇宙兄弟のグッズを考えるとき、ファン以外の人から見たら、どこがいいのか、なぜほしいのかまったくわからないものをあえて作るのだそうです。そのグッズで何が起こるか——わかる人たちだけがわかり、語りや交流が起き、コミュニティが活性化していく。そして、本来的な『宇宙兄弟』の価値が高まり、さらにファンが増えていく——このようにマスに向けて発信しないことで価値を高めるやり方は、今ではもう珍しくありません。むしろ**情報が氾濫している時代だからこそ、マスに向けた発信を意識すると情報が薄れてしまう**のです。

また、「北欧、暮らしの道具店」を運営するクラシコム代表の青木耕平（あおきこうへい）さんは、「フィットする暮らし、つくろう。」という理念を掲げ、他の誰かと比較する必要もない、自分用にフィットする暮らし方を提供している。これもマスを意識しないやり方のひとつです。

これらの事例は決して大衆（95％）の要望ではありません。一部のユーザーまたは発信者の嗜好や価値観から生まれた商品です。しかし一部のユーザーが心から満足する商品を提供したことで大きな「共感」を生み、結果的に、ＳＮＳを通じて多くの一般消費者にその魅力が伝わることとなったのです。

これからのビジネスではこのようにマス向けではなく、少数の嗜好を意識したスタイルが必要となります。少数の嗜好のことを**「偏好性」「偏愛性」**などと呼びます。これは、ＩＴ評論家の尾原和啓（おばらかずひろ）さんが著書『モチベーション革命』（幻冬舎）でも指摘されていますが、この偏愛性が強ければ強いほど、それを取り入れた商品にユーザーは強く「共感」し、その共感が大きな「拡散」を生んでいくのです。

**偏愛が生む共感。**大衆に魅力を広げていく道筋は、今やそこにしかないといったら言いすぎでしょうか。

# 新時代型リーダーは「カリスマタイプ」より「同級生タイプ」を志向する

重視されなくなるのは、生産性や効率だけではありません。これまでリーダーの必須条件とされてきた、専門スキルや経営能力、リーダーシップなどの要素もこれまでのように重要視されることはなくなるでしょう。

わかりやすく表現するならば、**「カリスマタイプ」のリーダーはもう通用しません。これから目指すべきは、断然「同級生タイプ」のリーダーです。**

たとえばＩＴコンサルティングで活躍するウルシステムズ株式会社の代表取締役社長でいらっしゃる漆原茂（うるしばらしげる）さんのお話を伺ったときのこと。

いち早く「これからのリーダーはカリスマ性だけじゃダメ」とおっしゃった漆原さんに、私は「それでは、何がこれからあなた自身の求心力になるんでしょうか？」とお聞きしたのですが、「自分自身がさらに謙虚になっていくことだよ」と返され、とても印象深かったのを今でも鮮明に覚えています。

漆原さんは、実際に自分が成功した一番のポイントは、全幅の信頼を置けるような人をきちんと見つけたうえで、

「私はもう会計できないから！」

と言い放って任せられたことだとおっしゃいます。自分自身が「わからない」と率直に表明することで、

「じつは社長、ここおかしいですよ」

「もっとこんな財務戦略を立てましょう」

といった声を出しやすくするなど、雰囲気づくりに細かく配慮するそうです。

一方で、失敗してしまう企業経営者は、

「経営者なんだからすべてを把握していなければいけない」

と言って、帳簿を見てはわかっているふりだけしています。そして財務担当の意見に耳を貸さずに、いつしか下からの意見も出なくなる――今の日本ではそのような企業がどんどん苦境に立たされています。


社長がなんでもできるかのように、引っ張っていく。そうしたカリスマ性で統率するのではなく、**社長は信頼できる仲間を集めたうえで、同級生のように意見交換できる雰囲気をつくり、チームを整えていく**。それが求められています。


たとえば、アリババグループ創業者で会長のジャック・マー氏も、じつはカリスマリーダーだと思われがちですが、最初は自身の教え子も含む、18人のパートナーとともにアリババを創っています。ジャック・マー氏本人もこう言います。

「我々は行き場がなかった。だから結束したんです」

だから、新時代のリーダーに経営学や会計学、帝王学などといった専門的な知識やスキルは必要ありません。その知識を身につけるために大量の時間を消費するよりも、その知識を持った人を仲間にすればいいのです。必要な情報も検索すればほとんど手に入りますし、ＡＩが瞬時に分析・判断・提案してくれます。

じつは今時代を牽引している世界的リーダーには、いわゆる「優秀」ではない人たちがたくさんいます。

たとえば私がお会いしたジョージ・ブッシュ元大統領は、自分自身は学生時代、成績が悪くて優秀ではなかったと公言しています。サザンメソジスト大学でのスピーチでは、次のような言葉を学生に残されていました。

「優秀な成績を収め、数々の賞を受けて卒業する皆さんには『よく頑張りました』というひと言を贈ります。普通の成績だった皆さんには『あなたも大統領になれる』という言葉を贈ります」

アップル創業者のスティーブ・ジョブズ氏は大学を、グーグル創業者の一人ラリー・ペイジ氏は大学院を、それぞれ「中退」していますし、イギリスのヴァージン・グループの創設者リチャード・ブランソン氏は17歳のときに高校を、やはり中退しています。

学校での成績に代表されるものを私たちは「優秀の定義」とし、成績の良し悪しで人の優秀さを判断しがちですが、そうではなく、**自分の「好きなこと」を人より早く見つけた人たちが、新しい時代を牽引するリーダーになっているのです。**

日本でいえば、脳神経科学などを起点に学習・教育事業を展開する株式会社DAncing Einsteinを立ち上げた青砥瑞人（あおとみずと）さん。高校卒業前に学校が嫌になって中退してから、フリーターとしてしばらく過ごしていました。野球選手になろうと思っていたものの、腕を壊してしまい、夢はかなわずに途方に暮れていたようです。優秀といわれるレールや一般的な社会人になるためのレールというものから外れたといえます。でも、その「小休止」の時間で自分の心の叫びのようなものに触れ、本当に好きなことは何かを見つけたようです。

カリスマ的なリーダーシップはもうリーダーの条件たりえません。
「カリスマ」から「同級生」へ。
これが世界のビジネスシーンに共通している、新時代のリーダー像なのです。

# 新時代型リーダーはフラットな組織を志向し、少数意見に着目する

とくに少数派の意見をいかに吸い上げられるかは、企業の存続にかかわるレベルの重要事項となってくるでしょう。偏愛性ある商品で大きな共感を生むには、少数意見こそ大切にしなければなりません。それが、現状を打破するような新しく、クリエイティブな商品・サービスを創り出します。

そのためにも、リーダー自身がどのような思いで何をしたいかが重要です。**「好きなことをやる」と決めた人は、ここが決してブレません。**かつ、自分自身も偏愛

性を持ち、少数意見を理解できるので、周りも信頼してついていくことができます。リーダーの好きなことに共感した人同士だから、「同級生」のように同じ目線でフラットに意見を交換して新しいものを生み出していくことができます。

ＤＭＭ.ｃｏｍグループ会長の亀山敬司(かめやまけいし)さんは7年近くスーツを一切着ていないそうです。そうしていい意味での「ユルさ」を演出することで生まれる信頼感や距離感が、社員に「自由にやっていいんだな」と思わせ、質の高い仕事につながっているのだとか。これも「同級生タイプ」リーダーでいるための工夫でしょう。

今、大企業がスタートアップ企業と組んで新規事業を開発する「オープンイノベーション」がバズワードとなっていますが、数少ない成功事例を創り上げているＫＤＤＩ、東急電鉄、富士通などのイントレプレナー（企業内起業家）たち曰く、成功の秘訣はどれだけフラット感を出せるかだといいます。具体的には、スタートアップと組んで進めるプロジェクトでは、カジュアルな服装をしていくとか、打ち合わせでは積極的にスタートアップ企業のオフィスに足を運ぶなど、対等にお付き合いできる関係を意識して創り上げているそうです。

**ホラクラシーを導入する企業も増えてきました。**ホラクラシーとは、従来のヒエラルキー型の組織に対して、階級などの上下関係を取り払ったフラットな組織スタイルのことをいいます。アメリカのシューズEC最大手のザッポスが実践していることでも知られており、これからの組織のあり方と目されています。

「フォーブス ジャパン」2018年4月号では、世間に変革をもたらしている中小企業を「スモール・ジャイアンツ」として特集したのですが、そこで面白い取り組みをしている企業がありました。大阪で創業80年の元工具問屋、大都です。

同社では、社員は皆日本人であるにもかかわらず、「ジョニー」「リリー」「カフカ」などとニックネームをつけあって、互いにその名前で呼ぶようにしています（代表取締役の山田岳人（やまだたかひと）さんは「ジャック」なのだとか）。そうしたところ社員同士の仲がよくなり、上下関係なく意見が出やすくなったというのです。

それくらいリーダーたちは、貴重な少数意見を得るために、フラットな組織づくりを心がけているのです。

## 「熱中するほど好きなことで、他者貢献できるもの」を見つけよう

ここまで、「偏愛性を重視する」ことが新時代のリーダーの条件として重要になりつつあるという話をしてきました。

なぜ、これほどまでに偏愛性が重視されるのか。じつはある視点から見ると、その理由がより鮮明に見えてきます。

本書では、その視点を**「ビジネス・アイデンティティ」**と呼びます。

ビジネス・アイデンティティとは、いったいどのようなものなのか。

アイデンティティという言葉は、皆さんよく耳にするでしょう。もともと、アメリカの精神分析学者であるエリク・エリクソンが提唱した心理学用語で「自己同一性」ともいわれます。「自分自身は何者であり、何をなすべきか」という、他者と区別して自分が何者であるかという感覚のことを指しています。

「あの人はアイデンティティがある」などという表現をしますが、これは「その人が他者とは異なる自分自身の一貫性を持っている」ということを意味しています。

ビジネス・アイデンティティとは読んで字のごとく「ビジネスにおけるアイデンティティ」ということですが、具体的には、**「自分自身の核となり、他者貢献できるもの」**と定義します。

この「自分自身の核」「他者貢献」という二つの部分がポイントです。

**「自分自身の核」とは、具体的にいえば、「自分が熱中して取り組めるほど好きなもの」**。ですからビジネス・アイデンティティを言いかえると、次のようになります。

## 「熱中するほど好きなことで、他者貢献できるもの」

リーダーに今求められる条件をすべて内包するのが、このビジネス・アイデンティティです。

今世界で活躍しているトップリーダーたちが一様に「好きなことを仕事にしている」のは、それがビジネス・アイデンティティを軸にした仕事につながっているからだということができます。

20世紀の大量生産、大量消費時代には、ビジネスにおけるアイデンティティはさほど重視されるものではありませんでした。それよりも、必要とされる商品やサービスをいかに効率的に生産し、消費者に届けるかのほうが重要で、それを可能にする組織づくりこそが求められました。とにかく売上を伸ばして、競合他社よりも市場シェアを高めること。そこに企業の価値が置かれていたのです。バブル期にＣＩ（コーポレート・アイデンティティ）という言葉がもてはやされたこともありましたが、企業のロゴデザインの刷新など表面的な変革にとどまった感があります。

しかし、いよいよ市場は飽和・成熟して、消費者のニーズも多様化・複雑化しています。売上や市場シェアの拡大を図ろうにも、大量に生産して世の中にばらまけばいいという時代ではもはやありません。

そうしたなか、会社を興して新たな商品やサービスを生み出すにせよ、企業で働きながらリーダーとして活躍するにせよ、そこで求められるのは、専門的なスキルや経営能力、リーダーシップよりも、ビジネス・アイデンティティです。

実際に、数十億、数百億円という額が世界中から投資されるベンチャー企業を見ると、どの企業もビジネス・アイデンティティが確立していることに気づくでしょう。逆にいえば、ビジネス・アイデンティティが定まっていない企業や人は、これからどんどん淘汰されていくだろうと私は思います。

**AIによって淘汰されるのは代替可能な人であり、ビジネス・アイデンティティを持たない人なのです。**

もちろん、「好きなこと」はなんでも構いません。マンガでも映画でも、ITでも手芸でもパズルでも宇宙でもコミュニケーションでも、好きで好きでたまらないことであれば、その体験はきっとあなたの「核」となっていて、他者貢献につながる価値をもたらしているはずです。

今見つからない人もいるかもしれません。でも、焦る必要はまったくありません。必ずあなたのなかに好きなこと、熱中できることは存在しています。最初は誰もが気づかないものです。今リーダーとして活躍している人も、じつは**「ビジネス・アイデンティティが身につく習慣」**を偶然送ってきたことでビジネス・アイデンティティを身につけたという人たちばかりです。

その生活習慣を意識的に取り入れることで、年齢に関係なく、あなただけの「核」となるビジネス・アイデンティティを見つけることができます。

先ほど、ビジネス・アイデンティティとは「熱中するほど好きなことで、他者貢献できるもの」と定義しましたが、**「他者貢献」**についても見てみましょう。

どんなに熱中するほど好きなことでも、それが自分を満たすだけのものであれば、他人は対価を払いませんから、そこにビジネスは生まれません。どんなに小さくてもいいのですが、ゼロではいけない。あくまで他者への価値提供があり、そこにビジネスが生まれるものが、ビジネス・アイデンティティたり得るのです。

ビジネス・アイデンティティは、ＡＩでは生み出せない価値創造を可能にする唯一の手段でもあります。ビジネス・アイデンティティをいかに持つか、それが「好きなこと」を仕事化し、これからの時代で活躍するコツです。これに尽きます。

社長でも、社員でも、あなたの立場は関係ありません。

本書を通して、ビジネス・アイデンティティを意識し、自分だけのものを身につけるきっかけになればうれしく思います。そして、ＡＩがより広く普及し、働き方の変革を急速に迫られるこれから10年の時代において、変化を恐れたり、生き抜くことばかり考えたりするのではなく、「熱中するほど好きなこと」を仕事にして、大いに活躍する人になってほしいと思います。

「好きなこと」を見つけるだけ、これは誰でもできます！

本書ではこれから、ビジネス・アイデンティティについてさらに詳しく論じるとともに、ビジネス・アイデンティティを身につけるための具体的な方法について話を進めていきたいと思います。

# 第2章

# 偏愛＋共感＝信頼

# すべての仕事の「軸」はビジネス・アイデンティティにある

これから10年もすると時代は大きく変わります。

しかし、その流れは悲観するものではなく、大いに「利用」し、自分自身に役立てることができるものです。ＡＩによって働き方が変わるということは、同時に、新しい働き方や仕事が求められるということでもあります。

そのときに考えるべきポイントは次の一点に集約されます。

「ＡＩでは代替不可能な存在になること」

今、このタイミングで働き方を上手にシフトすることができれば、あなたはいち早く新時代のリーダーへと成長を遂げることができます。**そのためには、「ビジネス・アイデンティティ」をいかに身につけるかが重要です。**

ビジネス・アイデンティティとは、前述したように、ビジネスにおける自分自身の核となるものです。

**ビジネス・アイデンティティ＝熱中するほど好きなことで、他者貢献できるもの**

これからの仕事は、すべて「ビジネス・アイデンティティ」が軸になるといっても過言ではありません。

なぜなら、ビジネス・アイデンティティのある人のところにお金も人も集約していくようになるからです。そして自然とそこに、さまざまな仕事が生まれます。

たとえば、印刷通販業で有名なラクスル株式会社の代表取締役ＣＥＯ松本恭攝（まつもとやすかね）

さんは、「既存の非効率な仕組みを壊したい」という思いをとことん追求することで、既存の「流通」の枠組みを超えたビジネスを展開するまでになりました。

最初から既存の流通に変化をもたらしたいと思っていたわけではなく、「既存の非効率な仕組み」を壊す、その手段（貢献の仕方）のひとつがたまたま「流通」だったというわけです。

松本さんの思いに共感する人たちが知恵を持って集まり、チームが生まれ、一大ビジネスとして成長したのです。まさに、一人のビジネス・アイデンティティがお金や人を集めて仕事を生んだ例といえるでしょう。つまり、次のようなビジネス・アイデンティティで仕事が生まれていました。

松本さんのビジネス・アイデンティティ
＝「既存の非効率な仕組みを壊したい」＋「物流」を変える
（**好きなこと**）（**他者貢献**）

最初から印刷や流通でなにかしようと思っていたなら、これほど新しい仕組みは生まれなかったかもしれません。ビジネス・アイデンティティを軸にしていたからこそ、新たな価値創造が生まれたわけです。

２０１７年７月には流通最大手のヤマトホールディングスとの提携を発表したり、２０１８年夏にはテレビＣＭの企画・制作から放映までを30万円で販売する新サービスも開始するなど、松本さんには今後さらなる活躍が期待されています。

次世代型電動車椅子を開発するＷＨＩＬＬ株式会社の代表取締役ＣＥＯ杉江理（すぎえさとし）さんもそれを体現しているお一人です。

これまで車椅子というと、身体が不自由な人のためのツールでした。でも杉江さんは「障がい者の乗り物」という見方ではなく、「誰もが乗りこなす乗り物」として捉え、「誰の目にもかっこいい車椅子を作ってそれを移動手段にしたい！」という思いを発信されました。

杉江さんのビジネス・アイデンティティは、次のようなものになるでしょう。

杉江さんのビジネス・アイデンティティ
＝「かっこいい車椅子を移動手段にしたい」＋優れたデザインと技術力
**（好きなこと）** **（他者貢献）**

これは世界中の投資家やＶＩＰたちを一気に魅了し、国内はもちろん、世界から応援されるようになったのです。

ここまで読んできて、「ミッション」という言葉を連想された方もいらっしゃるかもしれません。

ミッションとは、自分自身が十字架に張りつけられても実現させたい、仕事における使命や目的のことであり、自身の存在する理由ですから、ビジネス・アイデンティティと近いものだと思っていただいて間違いありません。

ミッションを持つことは、仕事において大きなモチベーションとなります。実際に、自社のミッションについて考え、それを言語化するのは重要なことです。

ただ、十分に考え抜かれていないミッションは、表面的で綺麗事に終わってしまいやすいことも確かです。

ビジネス・アイデンティティはその点、「好きなこと」「偏愛性」を出発点に考えていきますから、より「自分ごと」として定着させやすいと私は思っています。**ビジネス・アイデンティティのもととなる「熱中するほど好きなこと」は、誰のなかにも必ず存在するからです。**

逆にいえば、自分や自社のミッションを考えるにあたって、ビジネス・アイデンティティの視点から検討していくとよいのではないでしょうか。

## ＡＩが普及すると、「好きなこと」「やりたいこと」が大事になる

　ここであらためて、リーダーシップや経営知識で人を引っ張る旧来型リーダーと、ビジネス・アイデンティティを軸に仕事を展開する新時代型リーダーの違いを対比してみましょう。同じ「好き」を基準に仕事をしていますが、対比するとその違いがよくわかります。

**【旧来型リーダー】**

旧来型のリーダーは、強いリーダーシップで人を引っ張るがゆえに、一匹狼的な存在です。特出した技術や知識を併せ持ち、高い生産性を誇ることでビジネスを牽引してきました。特にリーダーの条件として求められたのは、**「技術」「論理」「説得力」**の三本柱です。高い技術を論理的に説明し、かつ効果的にプレゼンテーションできる人が注目を集めていました。

企業単位での仕事のため、さまざまな分野の仕事を手がけるのではなく、「英語塾」なら「英語業界」というように、ひとつの分野に特化して会社全体の利益を追求していました。

同業他社との競争に勝つために、生活を捧げるかのごとく仕事に打ち込み、社員にも膨大なノルマを課して「過労」が社会問題にまでなっています。しかも、そこまでしても、「成功者」となる企業はほんのひと握りだけ。その企業のなかで「成功者」となるのはさらにごくひと握りという、狭き門をめぐる闘いです。

**【新時代型リーダー】**

一方、これからのリーダーは「ビジネス・アイデンティティ」の有無が条件となります。ビジネス・アイデンティティがあれば、リーダーの条件として市場から求められる**「偏愛」「共感」「信頼」**の三本柱が自然と備わるからです。

「どうしてもこれをやりたくてたまらない」「とにかくこれが好き」という「偏愛」から生まれた仕事には、その思いに「共感」した人が集まり、チームや組織を作ります。そのチームから産みだされた商品・サービスには高い信頼が寄せられます。

メンバー間には明確な「上下関係」があるわけではなく、可能な限りフラットな関係性が保たれるなかで、協力しながら目的を達成していきます。

ひとつの企業に捉われずプロジェクトごとに仕事が可能となるため、業界を越えて広く活躍することができます。たとえば英語が得意であれば、「英語塾」を開講してもいいし、映画と英語を融合させることも可能ですし、スポーツと英語、旅行と英語、プレゼンテーションと英語などなど、さまざまな業界でプロジェクトごとに好きな英語を活用した仕事ができる可能性が広がります。

## [ リーダー像の移り変わり ]

| | 旧来型リーダー | **新時代型リーダー** |
|---|---|---|
| 求められているもの | 高性能かつ安価な<br>商品・サービス | **新たな価値を提供する<br>商品・サービス** |
| リーダーの資質 | 効率のよい生産性<br>（技術・論理・説得力） | **ビジネス・アイデンティティ<br>（偏愛・共感・信頼）** |
| 所属 | 一匹狼（組織と合わない）<br>出世競争で勝利（組織で出世） | **複数の組織・チーム<br>争いは必要なし（組織を好む）** |
| 関係性 | メンバーを引っ張る | **メンバーに協力してもらう** |
| 仕事の範囲 | ひとつの分野に特化<br>業界全体を広くカバー | **業界を越えて<br>プロジェクト単位でコラボ** |
| 生活スタイル | 生活を捧げる | **家族や友人との時間も楽しむ** |
| 成功の可能性 | 成功する人はひと握り | **誰でも成功できる** |

**また、ビジネス・アイデンティティは「一人にひとつ」とは限りません。**好きなこと、やりたいことが複数ある場合は、自然とその数だけビジネス・アイデンティティを持つことになります。たとえば、「イラスト」と「英語」が好きな人は、他者貢献さえできれば「イラスト」を軸にした仕事と「英語」を軸にした仕事ができるし、「イラストと英語」を融合させればさらに独創的で高付加価値の仕事ができることでしょう。

堀江貴文さんは現在、30ものプロジェクトにかかわっていらっしゃることをご紹介しましたが、「宇宙」や「教育」「執筆」をはじめ、「やりたいこと」がたくさんあり、それぞれを軸にすることで、数多くの仕事を可能にしているのです。

ＡＩが普及すればするほど、私たちは仕事がなくなるかのように言及されていますが、それは違います。私たちに求められるものが、「技術」や「論理」といった生産性に直結する要素から、「偏愛」「共感」「信頼」というビジネス・アイデンティティに直結する要素へと変化しているにすぎません。

ビジネス・アイデンティティは誰でも持ちうるものです。でも、ＡＩではカバーできない領域です。だからAIが普及すればするほど、ビジネス・アイデンティティを軸に活躍する場はどんどん広がっていきます。

「好きなこと」を仕事にしながら、誰でも成功できる社会へと変化しているのです。

# 個人の「信頼」が世界を動かす時代がやってきた

新時代のリーダーに求められる三本柱は「偏愛」「共感」「信頼」と述べましたが、なかでも重要なのが「信頼」です。なぜなら、これからの社会にもたらされる最大級の変革は、このひと言で表されるからです。

**「通貨は『お金』から『信頼』へと変わる」**

この前提があるからこそ、従来の働き方ではなく、より個人の特性が問われるビジネス・アイデンティティを軸とした働き方にシフトしていかないと、私たちは生き残れません。

**とくに個人の「信頼の大きさ（信頼指数）」は、これからの社会においてもっとも大きな価値となり、人々が選択する際の基準になります。**すなわち、これからは製品やサービスの性能そのものより、「誰がやったのか」「誰が言っているのか」「どんな人がしているのか」という基準で選ばれるようになるのです。

世界では信頼社会への動きが加速化しています。

たとえば中国を見てみましょう。中国版アマゾンといわれる通販サイト「アリババ」を運営するアリババ社は日本でも有名です。このアリババ社が展開する「アリペイ（支付宝）」というオンライン決済サービスをご存じでしょうか。

「ペイパル」に似たサービスですが、利用できる範囲は非常に広く、店頭やオンライン上での買い物はもちろんのこと、電気、ガスなど公共料金、タクシー料金、交通機関のチケット予約から知人への送金など、日常生活で必要なサービスの多くをカバーしています。

注目すべきは、このアリペイの付帯サービスとして飛躍的に普及している**「ジーマ信用（芝麻信用、セサミクレジットともいわれる）」**です。アリペイを通して支払いをした履歴などをもとに、個人の「信用スコア」が次の　五つの側面から350〜950点の間で点数化される仕組みです。

①プロフィール……学歴や勤務先などのステータス
②支払い能力……過去の支払い能力
③過去の信用履歴……クレジットカードなどの支払い履歴
④人脈……交友関係
⑤行動……とくに消費行動など

これまでにもクレジットカードなどによる信用の数値化はありましたが、ジーマ信用ではアリババが展開するサービスやアリペイを通したさまざまな利用履歴から「信用スコア」が算出されるのが特徴です。

つまり、**中国ではすでにオンライン決済サービスなどを通して、ふだんの行動から自分の「信頼指数」がリアルタイムで数値化されているのです。**「お天道様が見ている」という表現がありますが、言ってみれば、「人工でつくられたお天道様」が消費者の意識上に君臨しているというわけです。

もちろん、この信用スコアが高ければ高いほどメリットがあります。たとえば、本来必要な手続きが免除される、ホテル等サービスでのデポジット（預かり金）が不要になる、さらにはシンガポールのビザが取りやすくなる、など。そのメリットは多岐にわたります。

**個人の信用によって経済が動く仕組みにシフトしているのです。**

最近では、就活や婚活にもジーマ信用が活用される動きがあります。信用によって、その人自身の人生までが決定づけられるようになってきたのです。

一時期、ステマ（ステルスマーケティング）が問題になりましたが、商品の評価やコメント数なども、お金で買おうと思えば買える時代です。そんななか、消費者が判断する基準は明らかに、個人の「信用」へと変化しています。

コンサルティング会社のベイン・アンド・カンパニーがNPS（ネットプロモータースコア、Net Promoter Score）という言葉を提唱しています。**これは「人に勧めたいと思うかどうか」の数値で、今後重要な指標になるといわれています。**

人に何かを勧めるとき、自分の「信頼」もそこに乗ってきます。だから自分の知らないものを他人に気軽に勧められませんし、だからこそ、誰かから勧められれば、「〇〇さんが言うなら」と、ネットの評判や広告よりも信頼が増します。

「儲かるからやってみようよ」と資本主義的な視点で人に何かを勧めると、自分の信頼を損なうことにもなりかねない時代です。多様化が進み、インターネットを通してありとあらゆる「声」が拾いあげられるなかで、これからは信頼できるものを中心とした「信頼資本主義」が新しい経済圏をつくっていきます。

先日、モナコで行われた「EY World Entrepreneur Of The Year」に参加してきました。各国で選ばれた起業家代表が全世界から集まって世界一を決めるという祭典で、起業家のオリンピックといわれるこのイベント。今年（２０１８年）の優勝者は、住宅建設・不動産会社を経営するブラジル代表に決まりました。

彼が評価されたのは、これまで家を持てなかった人たちに家を持つ喜びを与えるという理念のもとに活動していることで、実際に、低所得者向けの住宅建設としてはブラジルでトップの企業になったそうです。

このイベントで各国の代表の話を聞いていて感じたのは、**売上や利益の数字を追い求めることにしか関心がない強欲的なリーダーでは、今の世の中ではもはや誰からも信頼してもらえない**、ということです。顧客はもちろんのこと、従業員やその家族、地域の人たちに受け入れられて、はじめて売上につながるという考え方。今、時代は「信頼」のベースが不可欠になっているのです。

「この人は信頼に値する人だろうか？」。この問いに応えられる「信頼指数の高い人」と「信頼指数の低い人」の格差は、急速に拡大していくことでしょう。

## 信頼経済では、「好きなことで他者貢献」が最高の評価を生む

日本でも普及が進んでいる配車サービス「Uber」も個人の信頼を重視しています。

Uberといえば、世界65か国・地域の600にもおよぶ都市で展開している世界規模の配車サービスです。アプリをダウンロードしてアカウント登録する必要がありますが、行き先を入力するだけで近くにいる車（ドライバー）と料金の目安などが表示され、ユーザーがそのなかから選択した車を予約すると、しばらくしてド

ライバーが到着するという仕組みです。

海外旅行でタクシーを利用する際、乗客がドライバーに目的地を説明し、料金の交渉までしなければならず、ときにぼったくられたりすることがあります。しかし、Uberを利用すれば、行き先はアプリを通してすでに伝わっており、料金の目安も表示されるため、その点は安心して利用できるというのが特徴です。

ただし、このサービスには重大な問題があります。**選択するドライバーを「信頼」できなければ利用することができない**ということです。

Uberが会社全体として、信頼を重視するのも当然といえば当然です。Uberでは利用者がドライバーを評価する仕組みが構築されています。そして利用者に対して、サービス提供者であるUberがドライバーの信頼を保証する形をとっています。

そうした評価制度のなか、サービス開始から4〜5年のあいだに5点満点中4・5点などの高い評価を受けるドライバーが一定数、出てくるようになりました。英語が全然話せない人も多いようですが、「すごく感じがよかった」とか「対応が丁寧だった」「心地よかった」という理由から4・5という評価を受けているようです。**特筆すべきは、高い評価がついている人はその評価が「ライセンス」となり、アメリカ国内だけではなく違う国でも働けるほどの信頼と権限を持てるということです。**また、この評価を担保に車のローンを組めるようになった事例もあるとのこと。

つまり、国という存在が信頼を付加するという時代はもう終わっていて、個人の信頼が可視化さえされれば、その人は世界のどこでも「信頼」の名のもとに働けるようになっているということです。

これは大きな時代の変化です。

もうひとつ重要なことは、結局、その人の信頼性は何で評価されているかというと「好きなことで他者貢献」しているかどうか、つまり「ビジネス・アイデンティティ」を軸に仕事をしているかどうかにあるということです。

たとえば「旅行に来たお客さんに楽しい時間を提供したい」という思いがあって、それを「丁寧に運転する」ことで他者貢献できていれば、立派なビジネス・アイデンティティを持った仕事といえます。

あるいは、たとえば「裏道を運転する」ことがアイデンティティかもしれないし、「一期一会のお客さんと楽しい時間を過ごす」ことがアイデンティティかもしれない。好きなこと、得意なことであればなんでもいいでしょう。それが相手に伝われば「この人は信頼できる」と評価されて、結果的にどこにいてもマネタイズできるわけです。

これがただお金を稼ぐためにしている仕事ならば、「低い評価」にはならなくとも「高い評価」にはつながりません。そういったサービスにお金が集まることもやがてなくなることでしょう。

# 「普遍性」より「偏愛性」

信頼が可視化される時代だからこそ、「好きなことを仕事にする」「好きで好きでたまらなくて今この仕事をやっています」という純粋な偏愛性が共感を得て、お金が集まる（信頼される）対象にもなっています。

ビジネス・アイデンティティを持つことと信頼指数の高さは相関関係にあります。「偏愛」と「共感」が信頼を生む。そのプロセスをもう少し詳しくお話しすることで、ビジネス・アイデンティティをより深く知っていただければと思います。

**偏愛とは、自分が「特別に熱中できる度合い」の大きさのことであり、ビジネス・アイデンティティも偏愛の延長上に存在することがほとんどです。**ロボットに対して偏愛を持つ人は、いつもロボットのことについて考えており、やがてこれまでにないロボットを生み出せるようになります。時代劇が好きな人であれば、やはり時代劇のことを普段から自然と考察し、いつか時代劇好きにとってはたまらない新たな作品や商品を生み出せるかもしれません。

ロボットや時代劇が好きな人はたくさんいるかもしれません。しかし、それをいつも考えてしまうほど好きで、仕事にまでしようと思うくらい好きな人はごくわずか。その極端な情熱はまさに「偏愛」といえるでしょう。

自分自身の「好きで好きでたまらない」という偏愛から生まれる意志や目標は、ビジネスにおける最大の「自己プロフィール」となるのです。

価格や品質といった普遍的な価値ではなく、「偏愛」によって生まれる、他にはない「こだわりの品」や「驚きのサービス」に対して消費者は価値を置き、お金を払います。

「好きでたまらないこと」に対して、私たちは手を抜いたり、妥協したりすることは通常ありません。できるだけ品質のいいものを生み出そうとするのは、皆さんも経験があるのではないでしょうか。

絵が大好きなら、学校の宿題であってもできるだけ上手に描きあげたいと思うでしょうし、プラモデルが大好きな人ならできるだけ精巧に組み立てて、塗装も完璧に仕上げたいと思うはずです。部品がちょっとずれてもいいやと思いながら組み立てる人は、好きな人ほどいないはずです。

パンが大好きという職人が焼くパンは、きっと手抜きせずに生地をこね、絶妙な温度と時間で手間ひまかけてつくられたパンになるでしょう。ホテルの接客に感動したことがきっかけでホテルのプロデュースを手がける人であれば、きっと接客にこだわったホテルをプロデュースするでしょうし、本に人生を救われた人が書く本であれば、きっと読んだ人の人生を救う本になるでしょう。

「好きでたまらないことを仕事にしている」
「いつか絶対こんなことをやりたい」
「このこだわりは絶対になくさない」

そういった偏愛性から生まれるものには自然と熱意やこだわりが加わり、それが他者の心に届くことで共感を生みます。**この偏愛と共感の両面があってはじめて、人はそこに「信頼」を置くのです。**

その証拠に、好きなことを仕事にしても、それが他者にプラスになるレベルの貢献すらできていなかったら共感は生まれません。

たとえばどんなにプラモデルが好きで仕事にしていても、部品の組み立てがガタガタで、完成品がすぐ壊れるようなものしか提供できなければ、そこには共感など生まれません。どんなにパンが好きでも、焼いたパンが生焼けで味も悪く、身体にも悪いパンだったりしたら、やはりその商品に共感など生まれようもないのです。

つまり、熱中できることだけではビジネス・アイデンティティにはなりえないということです。ビジネス・アイデンティティとして成り立つためには、「熱中するほど好きなこと＋他者貢献」の両面が必要になります。

その意味で、**ビジネス・アイデンティティを形成する二つの要素、「熱中できるほど好きなこと」「他者貢献」はそれぞれ、「偏愛」「共感」に対応している**といえます。

つまり、次のように表されます。

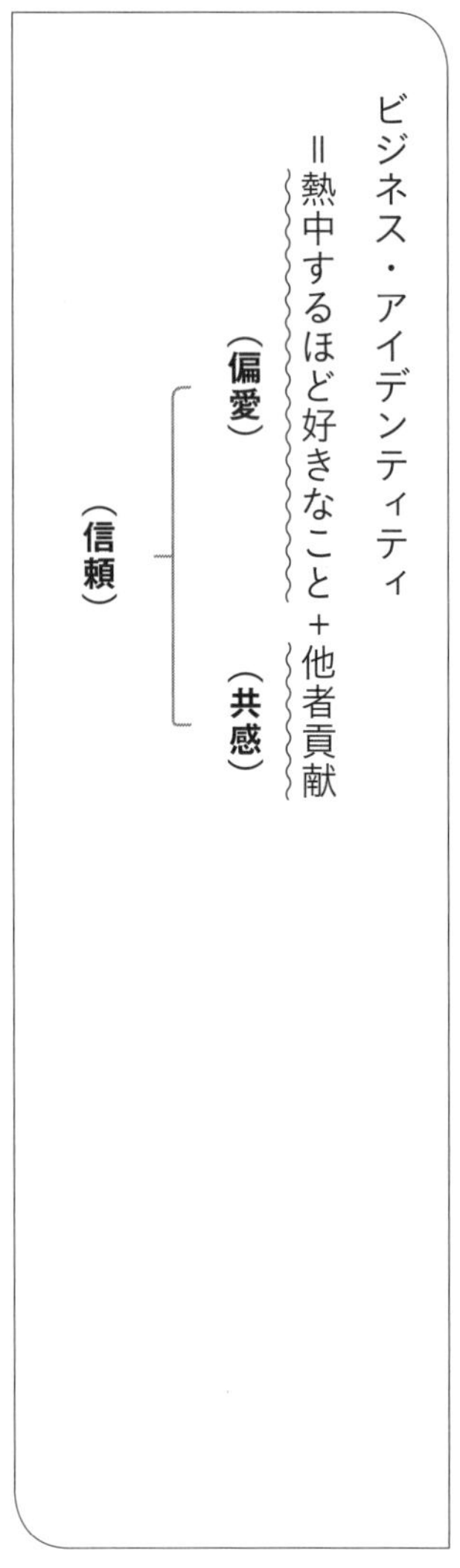


この両面が揃ってはじめて、ビジネス・アイデンティティとなり、「信頼」という価値が生まれます。

これからの信頼資本主義社会においては、いかに自分自身の偏愛性を高め、他者に届けられるかが、自身の信頼と直結して評価されるのです。

# ４０００万人が共感した「Why-How-What」の法則

社会が信頼資本主義に移行しているのは、なにもビジネスとしてお金の流れが変化しているからだけではありません。じつは脳科学の視点からみても、本当に理にかなったことなのだそうです。

それを鋭く、また興味深く指摘しているのがコロンビア大学でも講師を務めた「リーダー論」の権威、サイモン・シネック氏です。「ゴールデンサークル」を紹介したＴＥＤの動画が４０００万回近く再生されたことでも話題となった人物です。

彼によると、**物が売れる仕組みが「What-How-Why」モデルから「Why-How-What」モデルへと移行している**といいます。簡単に説明すると次のとおりです。

**「What-How-Why」モデル……「何を作るか（what）」から商品が生まれる仕組み**
**「Why-How-What」モデル……「なぜするのか（why）」から商品が生まれる仕組み**

これまでの社会では、「何を作るか（what）」ということを出発点に、「どうやって作ろう（how）」→「それを作る理由は何か（why）」という考え方をしていました。商品をＰＲするときも同様で、「どんな製品・性能か（what）」→「どうやって作られているか（how）」という順に消費者にアピールしていました。

たとえば焼肉屋の場合、「Ａ５ランクの肉」「一頭から数グラムだけ」「幻の肉」「美容効果あり」「太りにくい」などと肉の詳細や効能（what）をまずＰＲしたうえで、「自由に育てられた」「エサにもこだわっています！」「迅速な出荷により新鮮」（how）などと段階的にＰＲしていきます。しかし、「なぜそれを作るのか？」（why）と問われると、そこに明確な回答はありませんでした。

これまではそれでもよかったのですが、今後それではもう商品は売れません。「なぜ自分たちは存在するのか（why）」から出発して、「どうやってその目的を達成するか（how）」→「じゃあ何を作るか（what）」という発想をしないと、消費者である私たちは反応しないのです。

たとえば六本木を中心に11店舗を展開する、岩手県のブランド肉・門崎熟成肉の専門店「格之進」を展開する千葉祐士（ちばますお）さんは、地元・一関への深い愛情をお持ちでいらっしゃいます。そして、「ブランド牛というのは本来、産地で消費されるべきだ」と思っている一方で、日本中の牛は東京に集められてしまう。それを逆手に取り、東京の店舗をすべて地元・一関をＰＲするためのショールームとして展開しています。これはまさにwhyからはじまるモデルといえます。

ではなぜ、私たちの消費行動が今「why」へと変化しているのか。**「大脳辺縁系」に着目するとその理由がわかる、とシネック氏は指摘します。**

脳には言語情報や論理的思考を司る「大脳新皮質」と、好き嫌いや安心感など感情を司る「大脳辺縁系」があります。合理的な判断は大脳新皮質で判断しますが、直感で判断する場合は大脳辺縁系で判断されます。

論理的には正しいけど、感情では理解できない——。

こういった体験、誰しも一度くらいはありますよね。これは、大脳新皮質では理解できているが、脳のより深いところにある大脳辺縁系では直感で「違う！」といっている状態です。このとき直感に従うことが多いことからもわかるように、**意思決定は大脳辺縁系が中心となってコントロールしているといえます。**

ですから脳科学の視点から見ると、ビジネスは大脳新皮質ではなく感情を司る「大脳辺縁系」に訴えないといけません。つまり本来は「製品・性能」ではなく「なぜなのか？」のほうで訴えなければいけないのです。

では、なぜこれまでは「製品・性能」による消費行動が成立していたのでしょうか。論理的思考は大脳辺縁系の意思決定には影響しないはずなので、疑問が残ると思います。私も最初はそうでした。しかしその理由を聞いた瞬間、ハッとしました。

**私たちの脳はこれまで「安心安全」を求めていたのです。**

これまで私たちは「製品・性能」で商品を選んできました。でもそれは、論理的に選んできたわけではなく、より性能のいい商品が生活に必要な「安心安全」という本能的欲求を満たす段階だったから、大脳辺縁系が刺激されていたと考えられます。便利な電気製品やいい食材を買うのも、充実したサービスを受けるのも、「安心安全」という本能的な欲求を補うために必要でした。

しかし安全安心が満たされた現代人の脳は、「自己実現」や「共感・感動」「信頼」「快適性」など、より上位の欲求を求めるよう変化しています。そのため、「なぜ自分たちは存在しているのか？」という大脳辺縁系に直接訴えかけて「共感」を呼び起こすものでなければ通用しなくなっているのです。

大脳辺縁系を刺激するのが大事ということは、昔から変わりません。ただ、商品が飽和状態になり私たちの最低限の欲求が満たされた社会になったことで、「何によって刺激されるか」が変わってきたのです。

## 「日本的チームワーク」こそが世界に通用する最強の武器となる

これから世界を引っ張っていくのは、日本人です！

こう言うと、ポカンとする方もいるかもしれませんが、今世界のトップリーダーたちとお会いして、私はつくづくそれを感じます。というのも、新たなステージへと突入しているビジネスの現場において、「日本人らしさ」は世界に通用する「最強の武器」といっても過言ではないからです。

旧来型の「カリスマタイプ」リーダーと新時代型の「同級生タイプ」リーダーの比較を56ページでしましたが、これからは、個のビジネス・アイデンティティをベースにチームやコミュニティをつくっていく人が世の中を引っ張っていきます。そのためには当然、「和を重んじる」姿勢が欠かせませんが、しかし海外では、これが苦手な人も少なくありません。

海外の人と一緒に仕事をして毎回思うのですが、自分の主張を押し出し、ハレーション(マイナス効果)を引き起こしてしまうケースが多々あります。それもそのはずで、海外のビジネスシーンでは次のような共通認識がありました。

・意見を言わない人は、「ダメなやつ」という烙印を押される
・全体の目的より、まずは自分の「ポジショニング」を明確にする
・基本的に否定/議論する文化

これらの認識があるため、まず自分の意見を言って「居場所」を確保しようとします。だからみんな「人の意見を聞くよりも、まず自分の意見」なのです。

海外のビジネスカンファレンスに出席して常々思うのは、一人ひとりの感想を聞くなどという行為は、天然記念物を見つけるくらい珍しいということです。

日本では、ひとつの意見が出たら、聞き、分析をして、そのうえで周りの意見を確認しながら議論を積み重ねていきます。こうしたことは、私たちにとっては当たり前に思えますが、海外では当たり前ではありません。ファシリテーター（進行役）という役割が出てきたのはそのためであるといわれるほどです。

また、海外のビジネスシーンでは、遠慮なく人の意見を否定することもあります。日本人だと、相手と意見が異なる場合でも、「そういう意見もあるよね、でも私は～」と、相手の意見をいったん肯定的に受け止めることが良しとされています。全面的に否定することはあまりありません。

効率だけで考えれば、一人ひとりの意見を聞くよりもまず自分の意見を述べるほうが早いですし、自分と異なる意見をいったん受け入れるようなことはせずに、きっぱり「NO」と述べるほうが早いでしょう。

しかし、自分を主張したり相手を否定したりすることは、自分の能力やスキルを表現するのにはよくても、信頼を醸成することには適しません。**ビジネス・アイデンティティを軸にした働き方は、同じ目的を持った仲間が対等な関係で価値を生み出していくことがポイントです。そしてそこでは、「信頼」による結びつきが大前提となります。**それまで非効率と思われてきた日本的な「調和」が世界的に注目されるようになってきたのです。

余談ですが、次のような特徴も「日本人の武器」として見直されています。

「会議に遅刻しない」
「議事録をとる」

よく言われていることですが、海外ではミーティングに全員が揃わないことはざらにあります。参加意志が重要視されるため、その人が「行かない」と思ったなら来なくてもいい、という文化があるためです。来ないからといって、特別に罰せられるようなことはありません。

また、意外にも議事録をまとめて共有することが海外の人は苦手です。つまり言いっ放し。しかしリーダーの能力で価値を生み出すのではなく、仲間の「集合知」によって価値をつくろうとした場合、議事録はその「集合知」をまとめる効果的なツールへと生まれ変わります。

社会が信頼資本主義化するなか、世界から見ると「チームワーク」は一番難易度の高い課題です。それを自然とできる考え方や行動力を兼ね備えている日本人は、ビジネス・アイデンティティをベースにする働き方において、ますます世界への活躍の場を広げていくことが期待されます。

臨済宗大本山妙心寺退蔵院の副住職であられる松山大耕（まつやまだいこう）さんのお話を伺ったことがあります。そのとき松山さんがおっしゃっていたのは、まさにこれからは日本の役割が大きいということ。たとえば日本の宗教観でいえば、多くの日本人はキリストの誕生日であるクリスマスをお祝いし、年末にはお寺で除夜の鐘を聞いて、そして、お正月には神社に初詣に行きます。

こうしたことを「節操がない」と言う人たちもいるでしょう。しかし、この寛容性、他者をリスペクトする精神は、争いが絶えぬ現代の社会にとって救いにもなり、またひとつのヒントになり得ると思います。

融和の精神を持ち、人や物事に上下をつけずに考えるという性質を日本人特有のものと考えれば、**チームワークや組織運営でカギとなる「多様性」を、私たち日本人は今、どの国の人たちよりも受け入れる素地がある**のではないでしょうか。

新しいリーダーは「同級生タイプ」と聞いて、「同級生タイプで、本当にリーダーになれるの?」と思った人もいたかもしれません。でも、それは私たちが日本人という「アドバンテージ」をもっているからに他なりません。

海外のリーダーたちは今、「同級生タイプのリーダー」になるためにさまざまな研究や努力を重ねているところです。

「世界一約束を破らない国」という評価・文化が、そのまま私たちに「信頼」という重要な後押しをしてくれるのです。

## ダブルワークの波を活用して、「好き」から派生する仕事を複数持つ

ビジネス・アイデンティティは一人につきひとつとは限りません。熱中できるものが複数あれば、その数だけビジネス・アイデンティティを持つことは可能ですし、あるいはひとつのビジネス・アイデンティティから複数の仕事を生み出すこともできるでしょう。

政府は今、労働人口不足や、それに伴う長時間労働問題、労働生産性の低下など

への対策として「働き方改革」を推進しています。連日メディアでも取り上げられているので、目にすることもあると思います。

その具体的な政策のひとつとして、副業や兼業の推進が大きく掲げられていますす。それを受けて、企業のなかにも副業や兼業を社員に認めるところが増えていますし、フリーランスとの提携を進める動きも出てきています。

一方で、ランサーズ株式会社が発表した「フリーランス実態調査２０１７年度版」によると、フリーランス人口（副業・兼業含む）は前年に比べて５％増加の１１２２万人（人口の17％）と、着実に増えています。アメリカではすでに35％がフリーランスとなっていて、日本も近い将来、多かれ少なかれ、そのようになっていくことが予想されます。

ビジネス・アイデンティティを軸とした働き方にシフトするということは、これから到来する「ダブルワークの波」を利用して、誰よりも早く活躍の場を拡大できるわけで、これは千載一遇のチャンスといっていいでしょう。

**ただ、ひとつだけ気をつけてほしいことがあります。それは決して、「セカンドワーク」を勧めているわけではないということです。**

「セカンドワーク」とは「副業」のことであり、「ダブルワーク」とは違います。意外とこの区別がついていない人が多いようですが、セカンドワークでは活躍の場を広げることにはなりません。

たとえば、いち早く副業制度を取り入れた企業として思い浮かぶのは、ロート製薬です。以前、代表取締役社長でいらした吉野俊昭（よしのとしあき）さんと対談させていただいた際にも、先駆者としての役割をしっかりと果たされている姿勢を強く感じました。同社が副業制度に取り組む意義は社会的に大きな意味を持ちますし、すばらしい取り組みであることは間違いありません。それが他の業界に広がったところもあるでしょう。

**しかし、失礼を承知で申し上げるならば、あくまで推進しているのは「セカンドワーク」の範囲です。**自分がまずやっているメインの仕事があり、それに関連する分野や、ちょっとだけ違う分野の仕事を経験することで、メインの仕事にもシナジー効果があるといいな、という思いがどうしても残っています。

あくまで、メインの仕事ありきの副業。「セカンド」ワークを推進している、という状態です。

そうではなく、**ビジネス・アイデンティティという中心軸は変えずに、そこからつながる仕事を複数持つ**ということ。メインの名刺をひとつだけ持つという、これまでの固定観念は捨てていくべきです。この古い考えを捨てられないかぎり、次の時代には適応していけません。


最近、世界の名だたる方々にお会いすると、名刺さえ渡されないことが珍しくありません。

「何をされているのですか？」とお聞きすると、「何をやっているのか自分でもよくわからないんだ！」と返されることがしばしばです。

私の友人のなかにも、アーティストでありながら映画プロデューサーであったり、メーカーの社長でありながらロック歌手であったりなど、たくさんの顔を持ってる方が数多くいます。

もちろん本当にわかっていないわけではなく、ひと言では説明できないということでしょう。**あえて言うなら「何でも屋」です。**経験や資格をもとに仕事をひとつに決める、ということではなく、「好きなこと」に従って、やる仕事が結果的に二つになるのか三つになるのか、それとももっと広げるのか、ということ。

今の世の中で浸透しつつあるのは「セカンドワーク」の波ですが、同時に「ダブルワーク」の波もすごい勢いで浸透しています。

皆さんがもし今どこかの企業に所属して仕事をされているなら、皆さん自身のビジネス・アイデンティティを軸として考えられる仕事を、まずはセカンドワークとして始めてみてはいかがでしょうか。

自由で生産性の高い仕事を見つけて、それをやってみることで誰かから信頼される——今の仕事に満足できていない人ほど、大きなやりがいと発見を得られると断言します。

# 「悪目立ち」しないと決める

パワハラ、セクハラ、いじめ、暴言……。最近、政治家や芸能人、スポーツ指導者などの言動に端を発するニュースが絶えません。一度話題になると、その人の過去の発言やプライベートの行動までがインターネットでたちどころに晒し上げられてしまいます。過去のように、情報を操作して隠したりごまかしたりということは通用しなくなっているのです。

そんな世の中ですから、ひとたび悪評が立とうものなら、共感を得られないどころか、信頼も崩壊。まわりの人も離れていき、次の仕事はもう二度と得られないという状況に陥ります。そうなると取り戻すのが難しいのも、現代社会の特徴です。

今のトップリーダーはこの状況をヒリヒリするくらいに肌で感じていますから、法に触れたり悪事をはたらいたりしないのは当然のこと、「悪目立ち」しないことに、とてもきめ細やかな心配りをしています。**悪目立ちすることが、どれだけ自分の足を引っ張り、自社のブランドを毀損するかをよくわかっているのです。**

具体的には、他人の足を引っ張ったり、手柄を自分だけのものにして恨みを買ったりすることは避けます。ビジネスの相手とも「ｗｉｎ－ｗｉｎ」の関係を結ぶことを心がけるばかりか、相手の「ｗｉｎ」を大きくすることに骨身を惜しみません。みんなで成功してみんなでまた次の仕事をする、ということを第一義にしています。

問題は、悪いことをしたわけではないのに、ネガティブなイメージがついてしまうことです。たとえそのつもりがなくても、周りから「悪目立ち」しているように見えたら、それは失敗です。

そのために、彼らは悪目立ちしないための防衛策を日頃から敷いています。それが**「丸裸になる」**ことです。

これまでのトップリーダーは、たとえば企業の社長であれば、「企業の社長」という一種のペルソナ（人格）を身にまとってメディアなどの表舞台に出てきていました。ですが、**今のリーダーは、メディアやネットでも、Tシャツにジーンズといったカジュアルなスタイルで、自分の言葉で話します。**だから「アンチ」は生まれたとしても、「ウソを吐いている」「この人の言葉は信用できない」とは思われません。信頼が何よりも大切であることをわかっているので、それを失わないように自分から率先して「丸裸」にして見せているのです。

だからといって、なんでもオープンにすればいいというものでもありません。うまく丸裸になるためには、多少なりともコツが必要です。

## ①自分の熱中していること（好きなこと、得意なこと）を発信する

**②他者貢献のやり方を定期的に発信する**
**③どんなときに満足感、幸福感を抱いたかを発信する**

これらの要素を見せることで、単に丸裸になるのではなくて、自分のビジネス・アイデンティティが透けて見えるようにするのがコツです。

①は、自分の偏愛することであり、より「パーソナル」な情報。
②は、①をどんなやり方で他者貢献に結びつけているかという「強み」の情報。
③は、何をしたら満足感や幸福感を得るのかという「根っこ」の部分の情報。

とくに③は重要です。お金持ちになりたいのか、自分の目標を達成していくのが楽しいのか、趣味をビジネスに転換させることに満足感を得るのか、それとも誰かの人生が変わっていく姿を見るのが幸せなのかなど、より深い根っこを発信できるかどうかが「丸裸レベル」を左右するといっても過言ではありません。

これらを意識して発信していくことは、ビジネス・アイデンティティを言語化することでもあります。

自分が「熱中するほど好きなこと」をどう表現すればより多くの人に伝わるのか、自分自身のパーソナルな情報と合わせてどう伝えればより強みが引き立つかと、いうことを考えることになるからです。この作業を通して「もっとこの部分を磨いたほうがいい」と気づくこともあります。

丸裸の状態で受け入れられるやり方かどうか、それは自分のためだけの強みではなくちゃんと他者貢献につながった強みかどうか、そういったことの再確認につながります。

トップリーダーたちはＳＮＳを盛んに更新するし、自分の趣味やプライベート、人脈などを隠すことはありません。社会問題などに対して自分の意見を述べることもあります。それは単に自分の内面を吐露するのが好きだからやっているわけではなく、どんどん更新していくことで、自分のビジネス・アイデンティティを強化しているのです。

# 「We」ではなく「I」で語る

共感を得るためには、「話し方」も重要なポイントのひとつとなってきます。**とくに「主語」の使い方を意識することは重要です。**世界で活躍するリーダーは総じて「主語」の使い方を徹底されています。

少々話は逸れますが、90ページで触れた「EY World Entrepreneur Of The Year」についてもう少しお話しさせてください。

スターバックスのハワード・シュルツ氏やデルの会長兼ＣＥＯマイケル・デル氏、グーグルの創業者セルゲイ・ブリン氏とラリー・ペイジ氏、アマゾンの創業者兼ＣＥＯジェフ・ベゾス氏らが米国大会にエントリーしたことでも知られるこのイベントは、現在も世界でもっとも名誉あるビジネスアワードとして認知されています。日本人でもアイウェアブランド「ＪＩＮＳ」を展開する株式会社ジンズの田中仁さんや「earth music&ecology」などのファッションブランドを展開する株式会社ストライプインターナショナルの石川康晴さんなど、錚々たる顔ぶれの方が過去に受賞されています。

ありがたいことに、その日本大会の審査員を担当させていただいているのですが、私たち審査員には大きな役割がひとつありました。それは、「日本代表の選出はもちろん、日本代表を世界大会で勝たせたい！」ということです。

とはいえ、どのようにアドバイスすればいいのかわからず頭を抱えていました。そんな折に、寝具メーカーの株式会社エアウィーヴ・高岡本州さんがこんなことを教えてくれました。

## 「We（私たち）じゃなくて、I（私）で言わないと世界一にはなれないんだよ」

高岡さんは2016年度の日本代表だったのですが、この言葉はものすごく印象的に私の胸に刻まれました。私自身がそれまで「We」で話すべきだと思っていたからです。

人がなにより共感するのは「感情」です。

「会社の社長」として話をするのではなく、「個人ベース」で自分のアイデンティティとして発信をすることが大事で、それが「世界共通言語」となって海を超えて共感を生むのです。

どんな気持ちでやっているのかという「想い」を「使命」として語ることで、自分が持つ強みもより輝いて見えたり、逆に想いに対して強みが物足りなく感じられたり、ということが見えてきます。

これまでの十数年でお会いしてきた3000人のトップリーダーたちを振り返ると、いまも活躍している人は、みなこの法則に当てはまっていました。

**スターバックス創業者のハワード・シュルツさんも必ず「I」を主語にして語った一人です。絶対に「Ｗｅ」を主語にしてしゃべることはありませんでした。**

たとえば、コーヒーの新商品を出したときでも、「僕は奥さんにどうしてもこれを認めてもらいたかったんだよ」などとお話しになります。あくまで「自分がやりたかったこと」を軸にして話をするのです。

国際金融公社（ＩＦＣ）という世界銀行の姉妹金融機関があります。そのナンバー2として世界的に活躍する副理事のストイコビッチ氏にお話を伺ったときも同じでした。世界に影響を与える機関に携わっている方でさえ、「世界銀行では〜」「私たちは〜」という話し方はされません。やはり「私はこうです」という言い方をされているのです。

近年、ビジネスの現場では主語を「Ｉ」ではなく「Ｗｅ」にして話をするべきだという風潮がありました。

しかしこれは、会社の経営者が従業員に向かって「私たちのビジョンは〜」などと語りかけるときや、同じ業界内で「私たちのミッションは、これに対してこうなるように〜」などとリーダーが号令を出すときなど、あくまでカリスマ型リーダーが人を引っ張るために、同じ目線に立っていることを強調していたにすぎません。

しかしこれからは複数のチームやプロジェクトに参加する働き方が主流となります。

自分自身がひとつの業界や組織に縛られなくなったときに、もう「We」という共通項は存在しなくなります。**ひとつのコミュニティのなかに異なる分野の人が集まった場合にまず、自分はどんな価値提供ができるのだろうということを語る方法としても、「I」という話し方は必要になります。**

一人ひとりがリーダーになる社会では、話し方も「最小単位」の「I」へと変化していかねばなりません。それによって最大限の共感を集められるようになれば、自然と自分自身のビジネス・アイデンティティを、世界でも通用する武器にまで磨き上げることができるのです。

第3章

# トップリーダーに学ぶ 新しい価値を生みだす人の 「新」常識

## 過去の常識をアップデートし、「新」常識へと意識をシフトする

私たちは誰しも、自分だけのビジネス・アイデンティティを内に秘めています。それを見つけ、育てることは難しいことではありません。なぜなら本来、自分が熱中できるものは、生活のなかで自然と見つかっていくものだからです。その数がたくさんある人は、それぞれのビジネス・アイデンティティに沿って好きな範囲で仕事を拡大しています。

でも一方で、ビジネス・アイデンティティをなかなか見出せない人が多いことも事実です。その原因ははっきりしています。**「過去の常識」や「理性」のなかで私たちが仕事をしているからです。**

過去の常識や古い習慣は、せっかく芽生えはじめたアイデンティティを縮小させる「天敵」です。過去の常識は「違い」を生み出すことを拒み、現状維持をよしとする性質があります。「間違えない」ことをよしとする生活は、どんどんあなたの「感性」を鈍くし、平均的な思考にしてしまいます。感性が鈍くなればそれだけ、何かに熱中する気持ちも、チャレンジする気持ちも小さくなる一方です。

企業に長年勤めている人ほどビジネス・アイデンティティが見つからないと悩む傾向にあるのも、「過去の常識」から抜け出せないからにすぎません。

自分が縛られている常識を破らない限りは、ビジネス・アイデンティティを育む土壌は生まれません。まずは自分のなかで「当たり前」となっている過去の常識を破壊してしまいましょう。そして「新しい常識」へとアップデートするのです。

### 過去の常識＝間違えないための考え方
### 新しい常識＝新たな違いを生み出すための考え方

知らず知らずのうちに、意外と過去の常識にとらわれていて、自分の「可能性の芽」を摘んでいたことに気づくかもしれません。

今ある常識は、過去の成功体験を生み出すために存在するシステムでしかありません。これまでの成功体験とは、すでに触れたように「生産性・効率性」を重視した成功のスタイルともいえます。その常識に縛られると、ビジネス・アイデンティティが奪われるのはもちろん、代替不可能な人材になることは夢のまた夢です。

過去の常識には、ここでサヨナラする！

その先にこそ、あなたにしかつくりだせない「違い」や働き方があるはずです。

形式を重視した愚鈍な会議をしていては、エッジの立った鋭いアイデアは生まれません。それと同じように、どんなに優れたトップリーダーでも、過去の常識で丈配された企業にいては、感覚が鈍ります。

本章では、近年のビジネスの潮流も踏まえ、とくに認識を改めるべき七つの常識についてお話ししたいと思います。

新常識へと意識をシフトできれば、新しい時代の波も難なく乗りこなせることでしょう。そこから得たあなただけの「違い」のある仕事をさっそく始めてみてほしいと思います。その一歩で、あなた自身の仕事の内容も、もちろん大きく変わっていくはずです。

「他の人以上に好きなこと」を見つける作業とは、他の人と自分の「違い」を見つける作業でもあります。常識の枠外に出るちょっとした常識の変化が、あなただけの違いを見つける一助になるはずです。

「新」常識 1

# 30年先より
# 100年先の
# ビジョンを語る

これまで「長期的ビジョン」といえば30年くらい先のスパンで考えられていました。しかしこれからは１００年先のビジョンを臆せずに語れる人だけが成功していく時代です。この**「時間感覚のスケール」**を刷新しないと、アイデンティティは錆びつくばかりです。

なぜなら、30年程度の未来であれば、利益や効率を軸としたビジョンでもイメージできるのですが、１００年先となるとアイデンティティを軸にしたものでなければ、決して生き残っていかないからです。

たとえばソフトバンクグループの孫正義(そんまさよし)会長は、３００年先の未来をイメージしてビジョンを語ります。さすがにこれは孫会長だからこそ可能なのでしょうが、１００年先までを考える視点は、これからいっそう求められるようになります。

とはいえ、難しく考えたり、緻密な計画が必要だったりするわけではありません。１００年先の未来を「予測」するわけではなく、自分の企業や仕事が「１００年後にも生き残るかどうか」という視点で考えればいいのです。

**人でも、企業でも、プロジェクトでも、ブランドでも、サービスでも、都市でも、**

**100年後も残っているものには、「文化的背景」やアイデンティティが必ず存在していることに気づくはずです。**

ここでひとつ、質問をします。

「ろうそく」は何のための道具でしょうか?

おそらく大半の人は「火を灯すため」と答えるのではないかと思います。実際に、ろうそくは「火を灯す」ための道具としてそのほとんどが作られていました。しかし、そこに新たな意味合いを見出したのがアメリカのヤンキーキャンドルという会社です。

照明器具の普及もあり、ろうそくが斜陽産業と言われるようになったころ、ヤンキーキャンドルはろうそくに「火を灯して明るくする」という機能ではなく「火を見ることで心が落ちつく、豊かな気持ちになる」という心理的側面を与えたのです。

自分の秘密をカミングアウトするときにろうそくの明かりを利用することもあれば、海外ではお風呂でろうそくを灯してリラックスすることも珍しくありません。家族の団らんや誕生日会に利用することもあります。

このように**「人々の心に温もりを与える」という価値創造をしたことで、ヤンキーキャンドルのろうそくは特別なアイデンティティを獲得しました。**そしてそれは、彼らの「団らん」やリラックス空間という文化的背景に沿ったものだったために、人々の生活の一部として深く長く、根づくこととなったのです。

経営に窮していたヤンキーキャンドルがその後、大きく成功し変貌を遂げたのはいうまでもありません。全米シェアナンバーワンのアロマキャンドルはこうして生まれたのです。

「新」常識 2

# 過去の事例から答えを学ぶより、自分自身で答えを創り出す

私たちは企業に入社すると、まずその会社のことを学びます。主力商品をはじめ、過去の成功事例や成功体験を知り、そこから新しい企画や商品を考えます。

しかし、これは完全に過去の常識です。

「過去の事例」を知ることは、失敗を減らすことに効果はあると思いますが、一方で新人スタッフの「偏愛性」から生まれる新しいアイデアをなかなか受け入れられないリスクがあります。

実際にそれを肌で感じている企業はすでに日本でも出てきており、自社の知識をまったく持ち合わせていない新人にこそまず企画書を書かせる、というケースが増えています。過去の事例を知らないほど、その人特有の視点でアイデアが生まれると期待されているからです。

**これからは、「ないもの」をいかに生み出せるかが勝負の世界です。**

日本人はつい過去事例に目を向けがちで、そのなかから「正解」をつくりだそうとします。一方、トップリーダーたちは、自分の感覚を最大限に発揮できるよう、過去事例を意識的に「まったく見ない」ようにしているという人が珍しくありません。めまぐるしく変化する時代において、「過去の正解や方法論はすでに汎用的とはいえない」という認識を持っている証拠です。

しかも、**過去の事例を見ないほうが、自分なりの解決策や正解を導き出さなければいけないので楽をすることができず、結果として「課題抽出力」が身につく**というメリットもあります。

余談ですが、飛躍する組織かどうかを表す重要な指標として**MTP**（Massive Transformative Purpose）があります。サリム・イスマイル氏が提唱している概念で、日本語では**「野心的な変革目標」**と訳されます。それによると、この変革目標というのは、過去の延長線上には決してないのだそうです。

事実、インスタグラムもUberもAirbnbも、ケタ違いの影響力を及ぼす変革者たちは、突然変異的に非常識な立ち位置にポンッと現れ、イノベーションを起こしています。

もちろん、過去の事例を学ぶことが悪いわけではありません。

ただ、過去事例の「枠外」から生み出したものでなければ、もはや価値と呼べない。それが「新常識」なのです。

「新」常識 **3**

# 判断基準は「マーケットがあるか」より「価値があるか」

どんなビジネスに価値があるか、それをもっともシビアに、またいち早く見ているのは投資家です。投資家にとっては「儲かるかどうか」が至上命題であり、何より重要になってきます。**その投資家たちでさえ、投資判断の際に「儲かるかどうか」が大事と考えている人は（とくに一流の投資家のなかでは）多くはありません。**

私はこれを知ったとき、とても象徴的な出来事だと衝撃を受けました。

これからの仕事は、自分自身がどれだけ面白いと思って熱中できることをやるか、そこにしか活路はありません。その仕事は基本的には自分特有のものなので、汎用化できない、極めてニッチなものになります。

でも、そのニッチな部分に共感した人がどっと集まることで非常に儲かるという図式があり、それがこれからの時代の勝ち方だと投資家たちは捉えているのです。決して儲からなくていいと考えているわけではありません。むしろ確実に儲けようと考えています。

ただ、「マスを取り込むマーケットがあるから儲かる、投資しよう」という従来の発想から、**「ニッチだけど面白く、そこに価値があるならマーケットを総取りで**

**きる」という新しい発想に変化している**のです。

これは投資家や経営者だけの話ではなく、消費者自身が「面白くて価値があるか」という視点で物事を見るようになっているからでもあります。

軽井沢のインターナショナルスクール（ユナイテッド・ワールド・カレッジＩＳＡＫジャパン）の代表理事、小林（こばやし）りんさんはまさにその視点において投資家たちに選ばれた一人でしょう。成功は難しいといわれていた地方でのリーダーシップ教育、かつ、アジアに焦点を当てたインターナショナルスクールという、ニッチな教育分野での挑戦でしたが、「大人がわくわくするような未来を作る」というその一点に彼女の強烈な熱量が込められていました。

そこに大きな価値を見出し、たくさんの人の支援と投資が集まったのです。

マーケットがあるかどうかで判断するビジネスはもう古いと考えましょう。ニッチだからこそ価値がある、そういう基準に移行しています。

「新」常識 4

# 「ストーリー」は もう「一瞬」には かなわない

商品やサービスに「ストーリー」を作る(つく)ことが大事といわれるようになり、それに取り組む人も増えてきました。たとえばスーパーに行くと、生産者の「顔」が見られる野菜が並んでおり、誰がどんな思いで育てた野菜なのか、ということが消費者に伝わるような工夫がされています。

たとえ他の野菜に比べてちょっと割高だったとしても、その野菜に内包されたストーリーに共感すれば購入へと動きます。これが「ストーリー」が注目される所以です。

**しかし、そのストーリーすらも、もはや古くなっているという印象があります。**本当に世の中の流れとは速いものだなあとつくづく実感するばかりで、ため息をつく暇もありません。

ではどう変化しているか。ストーリーというのは消費者にそれぞれ感じ取ってもらえばいいのであって、伝える側が細かく作り込む必要はないよね、という段階に進んでいるのです。ストーリーを伝える作業すら手間である、といえるかもしれません。

**それに代わる表現手段として広まりつつあるのが、「写真」や「10秒動画」といった、「一瞬」を切り取ったものです。**そこには文字は一文字もありません。それを見た人に、それぞれに自分の好きなようにストーリーを解釈してもらえばそれでいいのです。

消費者は「見て、感じるだけ」なので、負担もほとんどありません。時間をかけてストーリーを理解してもらおうと思っても、もはや振り向いてもらうことは簡単なことではなくなってきています。「一瞬」の力には勝てないのです。

たとえば株式会社TABI LABOが手がける『TAKI BITO』というテレビ番組が、2017年11月にスタートしました（TOKYO MX）。たき火を囲みながら、事前台本なしでMCとゲストが語らう番組なのですが、要所要所にたき火だけの映像が短く流されます。

TABI LABO代表取締役の久志尚太郎（くししょうたろう）さんは、「火を見たときこそ人間は自分の感情と向き合える」と語り、そのたき火の映像こそ重要だと位置づけていました。さまざまなゲストが自分について語らう姿と「たき火」を通して、TABI

ＬＡＢＯという企業や媒体にも「自分の感情と向き合える場」という価値をそれぞれのストーリーで感じてもらえるように仕掛けているのです。

ビジネス・アイデンティティをとてもうまく表現した手法だと感嘆しました。


ちなみに、こうした変化の流れのなかで「書籍」などの読ませる文字媒体は必要なくなるのかというと、それは違うと思っています。書籍などはそれ自体が商品であり、言うなれば「野菜」と同じ。その野菜の魅力を伝える手段として、「ストーリー」や「一瞬」が注目されているということです。

「一瞬」で見せる工夫を考えるのも、これからの時代は必然的に求められていくでしょう。

「新」常識 5

# 同業者より「異能者」を重用する

新しいアイデアがほしいとき、みなさんはどうしますか？　先輩社員や同業者、コンサルタントなどの専門家に聞くのが一般的ではないでしょうか。しかし、これからはこの常識もビジネス・アイデンティティを縮小させる悪習となりかねません。

これまでも触れていますが、「過去の体験」にとらわれる可能性が極めて高くなるからです。新しいアイデアを取り入れ、ＭＴＰ（野心的な変革目標）のあるものにするためには「異能」を取り入れることを新常識としてインプットしましょう。

**今のトップリーダーたちは、同業者のアドバイス以上に、アーティストや宗教家、学者や役者といった「異能者」に意見を求める傾向があります。**一般の人とは違った感覚を持つ「異能」と接することによって、自分自身の考えが「型」にはまらないよう、とにかく意識しています。そのために彼らと**「壁打ち」**をして、その返球を拾おうとしているのです。

自分が考えたこと、思いついたアイデアといった「球」を次々に打ち込んでは、アーティストや宗教家などの方々が、思いがけない「返球」をしてくる。それをくり返して、自分自身の考えの幅広さをアップデートしています。

最近は「異能」の方を招いた勉強会がどんどん増えてきています。私もその末席に参加させていただくことがありますが、錚々たる顔ぶれの方々が集まっては、若いアーティストや宗教家、大学の先生方などの話を聞いています。

ＩＴバブルの頃にインタビューした経営者たちは、クラブに行ってそれこそ美女と一緒に楽しんで……というのが一種の「集まり」として定着していました。でも、今のリーダーたちはもっと議論を楽しみたくて、「美女がいないほうが効率的だよね」「そもそもお酒もいらないんじゃない」といって、どこかの会議室を借りてそこに集まってディスカッションを始めます。

そこで自分のビジネス・アイデンティティが間違っていないかどうか、受け入れられるかどうか、共感を得るかどうか、「壁打ち」による答え合わせをします。そしてその場でしか得られないシナジー効果をおたがいに最大限まで高めようとするのです。

面白いのは、自分の秘密も社内の秘密も、どんどんオープンにして話し合っているところ。これは数年前には明らかにありえなかった光景です。アイデアが取られるとか、そんな様子は一切なく、「みんなで幸せになればいいじゃない」という雰囲気。そしてそれに共感した人たちだからこそ集まって、シナジー効果が最大化されているのでしょう。

その意味で、単なる勉強会とも異なります。言うなれば、**さまざまな知恵が混ざり合う、まさに「異種知能格闘技選手権」**かもしれませんね。

「新」常識 6

# 「社内」の親睦より「社外」の親睦を深める

異能と異能を掛け合わせたときに生まれる価値は、ときに想像を超えたものがあります。その価値の大きさは、同質の人たちが集まって生まれるレベルをゆうに超えます。

それに気づいた以上、企業としてもいかにその「異能」との交流を生み出すかということに力を入れ始めるのは、当然の流れといえるでしょう。

ここ数年は、社内の親睦を深める取り組みに力を入れる企業が増えていました。たとえば、会社としてお金を出すから社内での懇親会をどんどんしていいよ、という制度を設けた企業もあれば、ドームなどの会場を貸し切って全社員参加の「運動会」を実施する企業もありました。自然環境のなかで社員同士がバーベキューを楽しむ機会をつくるなど、社内の人間関係向上に注力することで、仕事へのモチベーションとしていたのです。

しかし最近では、感度の高い企業は、社外の人との交流にお金を出すようになってきたようです。まだ手探りの企業が多いものの、そこにはおおよそ二つの段階があります。

**第一段階は、「習い事」に参加させること。**

まずは社員に「外」への意識を持ってもらうための第一歩、という段階です。これだけでは「異能」と呼ばれる方々と接して価値を生むのは、残念ながらまだ難しい段階でしょう。

**第二段階としては、「知のプラットフォーム」に参加させること。**

たとえば出井伸之（いでいのぶゆき）さんが主宰されている「Ｃｌｕｂ１００」は、日本をリードする次世代の事業やビジネスの種をつくることを目的とした、業種を超えた法人会員組織です。まったく異なる業界の人たちとの親睦を深め、イノベーションを起こさせるには十分な環境が用意されています。

女性向けには、内永（うちなが）ゆか子（こ）さんが理事長を務めるＮＰＯ法人「Ｊ－Ｗｉｎ」などの組織もあります。多様な業種の女性幹部または幹部候補生だけが集まる場ですから、親睦も深まりやすく、感度の高い女性ならではの価値やアイデアが生まれると期待されます。
そのほか、いわゆるオープンなかたちで立ち上がっている集まりではありませんが、今をときめく経営者たちがアンオフィシャルに集まる勉強会などがあちらこちらで行われています。私もときどき参加させていただいていますが、今や雑誌などでも見ない日はない有名経営者の方が、自分のすぐ横で一心不乱にメモをとっている姿などを見るにつけ、学び続けることの大切さを痛感させられます。

これからは「知のプラットフォーム」もどんどん増えていくことでしょう。「社外」の人と親睦を深めることが、自分のアイデアの幅を広げるきっかけにもなり、自分らしい偏愛性に気づかせてくれるかもしれません。それがあなたの大きな「武器」となっていきます。

「新」常識 7

# 確実な理論よりも「ゆらぎ」を大事にする

確実な理論、確実な戦略に基づいてビジネスをするやり方には限界があります。ある程度まで組織を大きくすることはできても、その先、自社ならではのバリューを世の中に生み出していくためには、確実な理論を積み重ねて正解を探るのではなく、いかに確実性を打破するか、その外側にあるものを手に入れることに必死になるべきです。

そのためにリーダーはあえて「カオス」をつくりだそうとしています。異能たちを重宝するのも、「カオス」を意識的に生み出すための一手です。最近の成功者はみな一様に、成功の理由を尋ねられると「いやいや、偶然ですよ」と語ります。これは何も謙遜して言っているだけではなく、**「偶然」を手に入れる努力をし、「偶然」を見逃すことなくキャッチし、その「偶然」を活用できたから成功した**、という意味合いでもあるのです。

これまでの常識では考えられない「カオス」をつくりだすことで生まれる「偶然性(異常値)」を私たちは「ゆらぎ」という言葉を使って表現します。

そしてその「ゆらぎ」に対して次の二つのことを行います。

**①意識化**
**②顕在化**

「ゆらぎ」が生じたときにそれを切り捨てて考えるのではなく、スポットライトを当てるのが意識化。そして「どんな意味があるんだろう?」と新たな意味を見出し、他者と共有までするのが顕在化です。

この二つを実行できた人が、結果的に大きな成功を収めています。

会社のキャリアでも、仕事でも、人脈でも、「このまま行けばこれくらい成功する」という枠組みを超えて成功する人は、小さな「ゆらぎ」を大きな成果に変えた人たちばかりです。

そのためにも、小さなゆらぎが生まれやすい「カオス」を積極的に歓迎しましょう。人事の分野では今、**「この人は絶対にふさわしくないでしょ」という人をあえて社長候補研修に参加させる、といった取り組みが増えています。**「この人は向かない、ダメ」という人も含めて、リーダーを定期的に代えて持ち回りにする企業も存在します。

彼らは「優秀」といわれる人のようにはできないかもしれません。

ただそこには、理論や戦略の予測から外れるような「ゆらぎ」が生じます。それを見逃さずに自分なりの発想で意味づけすることで、新しい価値を生み出していくことができるのです。

# 第4章

# トップリーダーに学ぶ「感性」を高める14の習慣

# トップリーダーは「感性を刺激する」ことを習慣化している

私がお会いしてきた3000人におよぶリーダーのなかで、今も第一線で活躍されている「成功者」はほんのひと握りです。その成功者たちは、総じて「好きなこと」を軸に、社会的インパクトのある仕事を生み出し続けています。

人によってテーマはさまざまです。「文章を仕事にしたい」「アニメ好きを仕事にしたい」「手作り×かわいいを仕事にしたい」「世の中の渋滞を解消したい」「都会のど真ん中に憩いの空間を演出したい」「マイナースポーツで地域貢献したい」「点字をオシャレに見せたい」などなど、他の人にはマネできない、偏愛性の高いものであればあるほど、それに共感する仲間が集まり、新たな仕事や信頼という価値が生まれます。

「好きなこと」が見つかれば、どのように他者貢献していくかも自然と見えてきます。だからまずは**「好きなこと」に気づいたり、新しく興味を持ったりする習慣をつけることが大切です。**

それは、「感性」を刺激する習慣ともいえます。

感性が鋭くなればそれだけ、自分の感情に敏感になり、自分の素直な気持ちに気づくことができます。また、新しい情報をキャッチしやすくなるので、新たな興味を発掘してビジネス・アイデンティティの幅を広げるのにも役立ちます。

感性とは意識しないと、日常の慌ただしさにもまれて擦り切れてしまうものです。そうならないように、「感性を刺激する習慣」を取り入れてビジネス・アイデンティティを身につけてほしいと思います。

では、具体的にどのような生活習慣を送ればいいのか。

気軽にできて効果的な生活習慣を少しでも知るために、私はリーダーの方々にお会いするたびに、幼少の体験談から現在の生活習慣に至るまで、さまざまなことをお聞きしてきました。

すると、ビジネス・アイデンティティを持つリーダーは、大きく三つのポイントを普段の生活習慣のなかでちゃんと実践し、新しい体験や考えに触れることで、自分のやりたいことや方向性を明確にしていることが見えてきたのです。

それをまとめたのが、本章で紹介する14の習慣です。これらの習慣は大きく三つに分けられます。

**Ⅰ　新しい体験をする**

**Ⅱ　創造ライフを取り入れる**

**Ⅲ　人に会う・コミュニティに参加する**

さまざまな経験をくり返し、さまざまな考えに触れることで、自分が本当に好きなことや、やりたいことは見つかります。たくさんの音楽を聴かないと自分の好きな音楽がわからなかったり、たくさんのスポーツを体験してみないと自分の得意なスポーツ、熱中できるスポーツがわからなかったりするのと同じです。

また、いろいろな人との出会いを重ねることで、自分の「強み」もより明確に見えてくるので、何をしたいかを考える一助となります。

どれも難しいことではありませんし、何歳になってもあなたのビジネス・アイデンティティは得られます。また、一気にすべてやろうとする必要もありません。

まずはⅠから始めて、徐々にⅡ、Ⅲと生活習慣に取り入れることで、自分の好きなことが明確になり、「核」となるビジネス・アイデンティティが自然と身についていきます。

すでにビジネス・アイデンティティを持っている人も、自分自身をつねにアップデートするために続けるといいでしょう。他にやりたいことはないか、新しいイメージはないかと、つねに正しい方向に軌道修正していくことができます。

第3章では、私たちの感性を鈍化させる「過去の常識」から、うまく脱出するためのアドバイスをお伝えしました。

第4章では、具体的にどのような習慣が効果的なのか、実践しているトップリーダーたちの話も交えて紹介していきたいと思います。まずは実践しやすいものからやってみましょう。

# I

# 新しい体験をする

# 自分の考えと「違う」意見をあえて言ってみる

日々の仕事で新たな刺激を受け続けるのは、簡単なことではありません。

でも、ちょっとした工夫で自然と取り入れられる方法がひとつだけあります。それは、**会議や打ち合わせの場で「自分の考えを疑う」習慣を持つ**ことです。

自分の意見を正しいと信じて突き進むカリスマタイプのリーダーに比べ、同級生タイプのリーダーは口々に「自分が正しいかどうかわからない」といいます。自信がないわけでは決してなく、「自分と違うものに触れる機会」を積極的に取り入れる習慣があるからです。

違う意見に触れると、脳の普段使わない部分が覚醒し、それ自体が新しい体験として感性が刺激されます。また多様性に触れることで、自分のアイデンティティを微修正したり、より強化したりすることにも役立ちます。

具体的な場面をイメージしてみましょう。たとえばA~Cのプランのうち、自分はBを推しています。しかしそこであえて異なる意見を口に出してみます。

自分「AやBよりCのほうがいいかな？（本当はBがいいと思いつつ）」
同僚「そうだね、Cがいいと思う」
自分「（そうなんだ！）ちなみに、どうしてCがいいと思うの？」

このように、もし自分と違う意見がいいと言う人がいたら、その理由を聞いてみます。一方、自分と同じようにBがいいと言われたときも、やはりその理由を尋ねてみると、自分と違った視点でよさを語ってくれるかもしれません。

自分「AやBよりCのほうがいいかな？（本当はBがいいと思いつつ）」
同僚「いや、私はBがいいと思うよ」
自分「（おっ、一緒だ！）どうして？」
同僚「だってBならこんなこともできるじゃない！」
自分「そっか、それは考えなかった！（なるほど、そんな視点が！）」

若手経営者として注目を集めるナイル株式会社の代表取締役社長、高橋飛翔さんは、若手社員に考える力をつけるために、あえて議論の場で自分の意見と違う発言をしたり、既定路線や無難な状況を一度「ぐしゃぐしゃ」にしたりすることで、彼らの柔軟な発想を拾い上げているそうです。つまり、「考える」ことを習慣化するためのひと工夫をすることで、より深い議論やアイデアに到達できるのです。

こうして「自分の考えを疑う習慣」を持つことで、自分にはなかった新しい発見を気軽に得られます。過去の常識に縛られがちな感性を刺激して、もっともっと自分に敏感になりましょう。

習慣 2

## 小さな失敗体験を7回以上くり返す

「成功するまで失敗しろ」などと言われることがありますが、いったい失敗をどれだけくり返せば成功するのか、最近の研究によって明らかになってきました。

**失敗体験は7回くり返すと、成功する確率が一気に上がるのです。**

これはシンギュラリティ大学の創設者の一人、サリム・イスマイル氏が提唱するじつに興味深い発見です。シンギュラリティ大学は2008年にシリコンバレーのNASAリサーチパーク内に設立された、世界最高峰のイノベーター育成機関です。世界的に著名な科学者や経営者が教授陣を務め、世界にイノベーションを起こす方法や「成功するための条件」などを真剣に議論しています。

**そこから導き出された成功の条件が「7回以上の失敗をすること」だったのです。**

また、先日お話を伺ったMITメディアラボの所長、伊藤穰一さんもイノベーションを起こすためにはという質問に対し、「あきらめないこと」「やり続けること」と答えていらっしゃいました。

以前、元駐米大使でベンチャー企業向けの弁護士としても有名だったジョン・ルース氏に、「日本で起業家を増やすためにはどうすればいいのか？」と質問をしたことがありますが、その答えもやはり**「失敗しかない。トップの人ほど、失敗を**

**しなければいけない」**でした。

とくに日本人にとっては「失敗する習慣」は苦手な分野です。イスマイル氏はその「失敗体験」について、ただの抽象論ではなく、回数を「7回」と自信を持って断言しているところが注目すべきポイントです。

実際に、イスマイルさんはたくさんの成功者に対して教鞭をとり、人材を育ててきました。その膨大な経験を分析すると、失敗が7回を超えると自分なりの正しいアクションの方法が身についてくるといいます。**7回新しい体験をし、新しい学びを得ることで、感度のギアが一気に変わる**ということです。つまり、7回も失敗して、なお挑戦している人は、成功するまでやめないだろう、ということなのです。

生徒たちが7回失敗するのを見て、「ようやく君はいけるね！」と言って、彼は資金等のサポートをするそうです。

では、どのような失敗を重ねればいいのか？

失敗は大きいほどいいのか？

彼はそんな疑問にも答えてくれています。**体験すべき失敗については、大きな失敗でも小さな失敗でも関係ないそうです。**

ですから「小さな失敗体験」をできるだけたくさん重ねれば、それだけさまざまな成功を収めることができる、というのです。

実際に、リーダーの方々とお会いすると、まるで「失敗自慢」を語るかのごとく、皆さん楽しそうに失敗談を話すことがあります。たった1回の失敗を目指すのではなく、まずは7回失敗することを目標に、「小さな失敗体験」を重ねてみましょう。

7回失敗した先に、これまで経験したことのない景色がきっと待っていることと思います。

習慣3

## 「ムダなこと」をやり続けてみる

トップリーダーの人たちは、自分の「変なところ」にこそアイデンティティがあると気づいています。むしろ「変わっている」と言われることを喜び、「変なこと」

「ムダなこと」を絶対にやめないように細心の注意を払っています。

なぜなら、「変」という部分がまさに、自分のアイデンティティの拠りどころだと気づいているからです。

花まる学習会代表の高濱正伸（たかはままさのぶ）さんは、**「消しゴムのカスを集める子どもほど重要」**と強調します。というのも、ムダの積み重ねの先にしか「セレンディピティ（思いがけない発見）」は生まれないからです。ちなみに、『種の起源』で知られるイギリスの生物学者、チャールズ・ダーウィンは、幼いころから、貝殻、封筒のシール、貨幣、石ころなど、なんでも集め、自身の好奇心を育んだといいます。このセレンディピティとの出会いを自ら作り出す習慣を持つことが、熱中するものを見つける最初の一歩といえます。

一日中消しゴムのカスを集めている子どもに対して大人は、なんの意味もない行為のように捉えて注意しがちです。でも、その子どもにとっては、消しゴムのカスを集め続けることであるときふと、なんらかの芸術性が生み出されたり、職人的な気質が芽生えたりすることがあります。

一見ムダに見える行為を続けることで、セレンディピティに出会うことが往々にしてあるのです。だから高濱さんも、決して子どもの行為を止めることはしません。無心になってひとつのことをやり続けられる状態のことを、「トランス状態」といいます。

この「トランス状態」を引き起こす脳の活動場所は、「やりたい」という気持ちを生み出す部位と近い場所にあるといいます。**「ムダなこと」に夢中になる習慣を意図的に持つことは、脳を刺激し、熱中する対象を見つけるのに有効な手段**といえるでしょう。

先ほどの例は子どもの例でしたが、私たち大人の場合はより幅広く「ムダなこと」を習慣にすることが可能です。たとえば、わかりやすいのは「コレクター」の方々です。

私の知り合いには、石を集めている人や鳥の「羽根」を集めている人など、ほかの人から見ると「変わった」ものを集めているリーダーがたくさんいます。また、とくに意図もなくあえて「無意味」な写真を撮りまくる人もいます。

食べ物に関する「変なこだわり」を大切にする人たちもたくさんいます。

たとえば、世界的投資家のジム・ロジャーズ氏やヤフー株式会社ＣＳＯの安宅（あたか）和人（かずと）さんなどは壇上でもよくコーラを飲んでいますし、また、落合陽一さんはチョコレートをよく食べているなど、皆さんそれぞれ独自のこだわりを持っています。

どんなに世間から「変だから」「ムダだから」と思われても、自分自身ではそれを「変」だと思う必要はありません。変なこと、ムダなことほど意識的に続ける習慣を持つことで、人とは異なる未知の体験を積み重ねることができます。それがセレンディピティとの出会いを促し、熱中できる対象と出会う可能性を高くしてくれるのです。

習慣４

## 「メタ認知ブック」で感情を整える

他人の視線を気にすることなく「ムダなこと」「変なこと」をやり続けるためには、他人の言動に自分の感情が左右されないことも必要です。

**そのためには「メタ認知」の習慣を持つことが有効です。**

メタ認知とは、「上から眺める視点」などと表現されますが、要は「自分自身の行動や思考を客観的に認知すること」です。「好きなこと」が見つからない人は、新しい経験が少なく感性が刺激されないと同時に、他人の評価や行動に影響を受けてしまいやすいという側面もあります。

せっかく自分の好きなこと、熱中できることに出会っても「それはムダだよ」「きっと失敗すると思う」という他人の何気ないひと言でやめてしまうケースがたくさんあります。他人の評価で物事の良し悪しや善悪を判断するのが当たり前になってしまうと、自分の本心に従って熱中することは一生できないまま終わってしまいます。これは本当にもったいないことです。

このメタ認知を身につければ、特定の人に非難されても、「あの人は非難しているけど、別の人は非難していないはず」「自分はこれを何年も続けてきたからきっと大丈夫」と気づけるため、他人の言動で感情が左右されることが極端に少なくなります。それが自分の行動に対する自信となり、新しい行動や体験を引き寄せ、より確かなアイデンティティを醸成することにつながるのです。

メタ認知は、ノート一冊あれば気軽に身につけられます。**そのノートを私は「メタ認知ブック」と呼んでいますが、専用のノートを用意しても、日記と併用して一冊にまとめてもＯＫです。**

「メタ認知ブック」はひと言でいうと、自分の感情を「他者の視点」で書き出すためのノート。イライラしたときや不安になったとき、悲しいとき、自分の選択に悩んでいるときなど、感情が揺れているなと思ったときや判断に迷っているときに、他者の視点になりきって自分を客観的に書き出していきます。

書き方のルールはたった二つ。

**ルール１：**

**「私は〜している」と「他者の視点」で書き出してみる**

例）「私は怒っている」

**ルール2：**
**慣れてきたら、「（自分の名前）は〜している」で書き出してみる**

例）「谷本有香はイライラしている」

自分の感情を「脳で言語化」することにより、感情も落ち着き、より客観的に自分を見ることができるようになります。まずはルール1のように、「私は〜している」という書き方で自分のことを描写し、慣れてきたらルール2のように「私は〜している」ではなく「谷本有香は〜している」と「フルネーム」で書いていきましょう。

書き方を変えることで、より客観的に自分を捉えることができるようになり、他人に感情を左右されないメタ認知の視点が身につけられるのでおすすめです。

自分の大事な感性を他人に乱されるのはやめましょう！

## 自分で考えたビジネスを実際にやってみる

「ゲゼルシャフト道」という言葉を聞いたことはあるでしょうか。

自分の好きなことを実際に「仕事」にするときに、もっとも役立つのが「ゲゼルシャフト道」を体験することです。

ゲゼルシャフト(Gesellschaft)とは、ドイツ語で利益社会のことを指します。ここで言う「ゲゼルシャフト道」とは、「ビジネス体験をする」ということを意味するのですが、フォーブス ジャパンを通してお会いしたイノベーターの方々は、みなさん驚くほど「ゲゼルシャフト道」を体験しており、そこからビジネス・アイデンティティを構築した方々ばかりです。

「ビジネス体験」といっても、アルバイトのように人から言われた仕事をする、ということではありません。**ゲゼルシャフト道の重要ポイントは、「自分で考えたビジネスをやってみる」という部分にあります。**

もちろん、大それたものでなくていいし、「儲け」を出す必要もまったくありません。たとえば、子どもが空き缶を集めてお金に換える、というのも「ゲゼルシャフト道」のひとつですし、手先の器用さに自信のある女性がハンドメイドで作った作品を販売してちょっとしたお小遣いに換えるのも立派な「ゲゼルシャフト道」です。

どちらも自分で考えたビジネスをしているからです。

外れにくいピアスキャッチを作ったことで注目を集める株式会社クリスメラ代表取締役の菊永英里（きくながえり）さんもその一人です。高校生のころ、アクセサリーの作り方を覚えて家で作っていたところ、母親がそのアクセサリーを着けて外出するようになり、それを見た人が「私も欲しい」と言い出したそうです。自分の「手先の器用さ」がビジネスになるということをそこで初めて体験したと言います。

**好きでやっていたことが「仕事になる」と直感する瞬間を味わったのです。**

スマートフォンゲームの開発を行う株式会社マイネットの取締役副社長、嶺井政人（みねいまさと）さんもやはり「ゲゼルシャフト道」を体験されていました。なんと小学校低学年のときに、ココアと白玉を組み合わせた団子を大量に作り、それを「交差点」で売っていたというのです。さらに高学年のときには牛乳瓶のキャップを回収し、それを「通貨」に見立てて通帳を発行して利子をつけて返す、というビジネスモデルまで作ったようです。

結果的にその大量の団子は売れず、牛乳瓶のキャップはそもそも現金化できないということに気づいてどちらもうまくいかなかったようですが、この体験がきっかけになって「金融」というものに熱中できる自分に気づくことができたといいます。何を作り、どこで売ればいいのか、ということを感覚として経験したのでしょう。

また、ＩＴ評論家の尾原和啓さんも小学生の頃、空き瓶がいくらで売れるかを知っていて、周りの子供たちを集め、見つけた瓶の数を競わせて、一番の子に安いお菓子をあげるというゲームを作り、差額をもらっていたといいます。その他にも、貸会議室サービスで知られる株式会社ティーケーピー代表取締役社長の河野貴輝（かわのたかてる）さんは、小学校時代、半導体を使ってラジオ制作したり、１００円入れるとガムが一枚出てくる自動販売機を作ったりしています。また、アメリカのアントレプレナーで、一時大統領選の出馬も噂されたことのあるマーク・キューバン氏は、彼が億万長者になった原体験は、子どもの頃、近所の住民たちにゴミ袋を売り歩いて小遣いを稼いでいたことだといいます。つまり、これらの**自分でビジネスを創り出すという経験は、少なからず、その人の人生に影響を与える**ということです。

くり返しますが、ビジネス体験をするのは「成功すること」や「売れること」が目的ではありません。

**①「好きなこと」が価値に変わる瞬間を味わう**
**②「自分なりの工夫や視点」が価値に変わる瞬間を味わう**

この二つの瞬間を味わうことが何より大きなメリットです。ふだん仕事をしている人であれば、週末に人を集めて趣味のイベントや勉強会などを行ってもいいかもしれません。また、自分が作った作品を販売するためのサイトを作ってみたり、ブログで好きな文章やイラストを描いて発信したりしてもいいかもしれません。

ビジネス体験はそのまま、好きなことにつながるし、自分が大切にしていくべき偏愛性の「芽」を育ててくれるのです。

# 「クレイジージャーニー」に出かける

新しい体験を最も刺激的に行い、感性を揺さぶりたいなら、「クレイジージャーニー」に出かけましょう。クレイジージャーニーとは、今まで自分がやらなかったことや、ふだんの生活では絶対にしないことにチャレンジすることです。

「ダーツの旅」のように行き先を運に任せて決めて、その場所でのセレンディピティを楽しむという人もいます。「クレイジー」だからといって、なにも秘境に行かなければいけない、というわけではありませんのでご安心ください。「本能のおもむくままに」というのを心がけましょう。

「ずっと憧れていたあのホテルに泊まって豪華な食事を堪能する」というのも、今まで自分ができなかったことを思いっきり楽しんでいるので「クレイジージャーニー」です。とにかく、「ここに行きたい！」「ここに泊まりたい！」「こんなことをしたい！」という、自分がこれまでやらなかった新しいことに対して、本能の赴くままに行動することがポイントです。

**ずっとやりたかったことをやってみる。**本能に従って行動することで、心から楽しい、やってみたいと思えることがダイレクトにわかります。

そのほかにも次のような効果も期待できます。

**①自分自身を見つめ直すことができる**

**②セレンディピティとの出会いから新たな価値観が生まれる**

株式会社ビズリーチ代表取締役社長の南壮一郎(みなみそういちろう)さんは、お忙しいにもかかわらず、必ず数か月旅をするそうです。その旅を通して、ご自身の核となるビジネス・アイデンティティの「チューニング作業」をしているといいます。

また、クレイジージャーニーは「旅」でなくても構いません。

ずっとやってみたかったボイストレーニングやダンスレッスンをはじめるのも、立派なクレイジージャーニーです。

とくに最近はこの傾向が強く、茶道を習いはじめた方やバンドを結成した方、学生時代に習っていたコントラバスをもう一度はじめた方など、それぞれに「ずっとやりたかったこと」を再開されています。

年齢は関係ありません。なかには、50歳を過ぎてからやりたいことを一気に三つはじめた方などもいます。ソニーの元会長である出井伸之さんも御年80歳ですが、最近、フランス語の勉強を始められたといいます。

みなさんに共通しているのは、趣味としてやっているわけではなく、自分が持っていた興味を思い出し、自分の可能性を広げる方法として本能の赴くままに行動し、習慣に取り入れているということです。

セミナーなどに通って、人の言葉に刺激を受けるばかりではいけません。自らの本能が赴くままにやってみることで、新しい、わくわくする自分と出会ってほしいと思います。

# II

# 創造ライフを取り入れる

# SF小説を読む

**AI時代になってますます必要とされるもののひとつとして、最近よく「芸術」が挙げられます。**私たちにできてAIには絶対にできないのが、芸術的表現だからです。「感性」がより重視される流れは、今後ますます拡大していくことでしょう。

自分の「好きなこと」をどう表現し、伝えるかは、感性によって大きく左右されます。多くの人を惹きつける面白さや斬新さ、驚きがあれば、それだけ多くの共感・信頼を得ることができ、人もお金も集まるということです。

では具体的にどうすれば感性を磨くことができるのか？　もっとも手軽で最適なのは「読書」です。そこでどんなジャンルの本を選ぶのかは、なかなか興味深い問題です。これは、私の実体験から強く感じたことでもあります。

じつは、「日本の経営者はなぜ生き残れないのか？」という長年の疑問に対して、ストンと腑に落ちた理由のひとつが、「愛読書の選び方」にあったからです。

ちなみに、日本の経営者に「愛読書」をお聞きすると、どんなジャンルの回答が多いと思いますか？　答えは、圧倒的に「歴史書」です。「歴史書」を通して、過去の教訓や理念を学んだと、皆さん口を揃えておっしゃいます。

しかし海外に目を向けると、**世界に多大な影響力を持つグローバル企業のトップリーダーの方々から愛読書として挙がるのは、圧倒的に「ＳＦ小説」です。**

「ＳＦ小説」は、それまでのストーリーからは想像できない結末を、作者が自由に設定できます。たとえば、「こんな終わらせ方をしてもいいんだ！」とか「これとこれを結びつけるっていう発想もアリなんだ！」という、読者の想像を超えたところで感性を揺さぶる体験が内包されています。

その「自由さ」に触れることが、自分の感性を刺激し、インスピレーションの参考になるのです。ちなみに海外では、ＳＦ小説の一部を取り上げ、「あなただったら、このあとどんなストーリーを書きますか？」という国語の宿題があるそうです。自分だけではなく、友達が創造したストーリーにも触れることで「こんな見せ方ができたんだ！」「もっとめちゃくちゃなストーリーでも全然よかったんだ！」とさらに刺激を受けます。まさに、創造ライフを子どもの頃から体験しているのです。また、ＭＩＴのイノベーション会議には、科学者たちの他にＳＦ小説家も呼ばれるそうです。

ちなみに経営者の方がおすすめされる「ＳＦ小説」で一番名前が挙がるのが**『銀河ヒッチハイク・ガイド』（ダグラス・アダムス、河出書房新社）**です。フォーブス誌が行った「世界で最も影響力のある人物ランキング」にも選出された「ペイパル」の生みの親、イーロン・マスク氏をはじめ、さまざまなリーダーがこの本に影響を受けたと語っていますから、まずはこの本からはじめるのもいいかもしれませんね。

ちなみに、ＳＦ小説のほかに海外のリーダーが愛読書としてあげるものとしては、哲学書やポエム集などもあります。

習慣 8

## アートを鑑賞する

アートを鑑賞する習慣も、新しい解釈や自由な文脈の可能性を知るという意味ではおすすめです。

「デザイン」が合理性のもとに計算された存在ならば、アートは個々人の感情の「歪み」を極端にデフォルメして表現した存在といえます。その「歪み」自体に新しい解釈があったり、デフォルメの仕方に自由さが隠れていたりして、それを体感することがあなたの感性を大いに刺激します。

日本のイノベーターたちが今、とにかくアートから学ぼうとしているのは、ここに理由があります。彼らはもう、計算や合理性によって導き出される「方程式」や「正解」に興味がありません。むしろ絶対に縛られたくない。一番の危険因子とみなしているくらいです。

彼らは社会に「新しい文脈」を創り出そうとしている方々ばかりです。どのような文脈ならば多くの人に届き、共感を得て、価値創造できるかを日夜考えています。

そんな彼らにとってアートは、デフォルメしながらも多くの共感を引き出すような文脈を生み出している点で、ひとつの「答え」のあり方になっているのです。

方程式では絶対に導き出せない「はずれ値」を、アート的技法を使ってどう共感を得られるものにするか――それは、自分のなかにある極端な偏愛性を、どのように表現して他者貢献すればビジネス・アイデンティティとして昇華させられるか、ということと非常に似ています。

もちろん、私たちが実際にアートに触れる際に、難しいことを考える必要はありません。「アートはよくわからない」と敬遠される方もいますが、自分の興味のある分野から目を向けてみるのでも、友達に誘われたものにフラッと足を運んでみるのでも構いません。

**おすすめをひとつ挙げるなら「現代アート」です**。現代アートには、今の社会の気運や、そこから映し出される未来が反映されていることが多く、また表現もよりデフォルメされたものが多くあります。それだけ感性を揺さぶられ、刺激を受けやすいといえます。もちろん、書道でも演劇でもフラワーアレンジメントでも、刺激を受けやすいものがあればそれがベストです。

余談ですが、これまでスタートアップの経営者たちが参考にする人物としてもっとも名前が挙がっていたのは「坂本龍馬」でした。**しかし最近では「千利休」や「空海」の名を挙げる人が増えています。**

新しい文化や豊かさを生み出した人を追い求めているということではないでしょうか。

習慣 9

## 禅的習慣を取り入れる

読書やアート鑑賞はおもに「インプットする習慣」でしたが、バランスのいい創造ライフを送るためには「リセットする習慣」も取り入れましょう。そのためには自分なりの「禅的習慣」を取り入れることがコツです。それが感性を常に研ぎ澄ます最善手でもあります。

「禅的習慣」を行うと、次のようなメリットがあります。

・感情（感性）が滅多なことでは乱されなくなる

・雑音を除去して無になる

私たちはふだんの生活のなかで無意識に大量の情報にさらされています。せっかく創造ライフにより大きな刺激やメッセージを受け取ったとしても、余計な情報がノイズとなって感情を乱してしまうと、大事なことを見逃してしまい、ときには感性を鈍らせてしまいます。

朝の瞑想やジョギングなどの習慣を持つリーダーが多いのは、自分一人で「無」になる状態を作り出すことができるからです。**リーダーが早起きなのは、決して「体調管理」をしたいからではなく「感情管理」をしたいからなのです。**禅的生活を通して感情の波風を立たせないように「感情管理」を習慣化しているともいえます。

感情がいつも乱高下している人は、自分自身の軸も完全にブレてしまいます。軸がブレているという事実は他者からの信頼を大きく揺るがすものであり、致命傷となります。感性も鈍ったままでしょう。

禅的生活といっても座禅を組んだり瞑想を行ったりするわけではありません。ポイントはあくまで一人で「無」になる状態をつくりだすこと。だから朝の瞑想もジョギングも、禅的習慣に違いありません。

私がお会いする海外のリーダーの多くは瞑想を習慣にしているといいます。起きた後のベッドのなかでやる人もいれば、シャワーを浴びながら、あるいはジョギング中に行うという人もいます。先日お会いしたスイスを拠点とするファッションブランドAKRISの女性役員の方も瞑想の仕方を丁寧に教えてくださり、これをするとしないとでは、ビジネス人生が大きく変わるほどよ、ともおっしゃっていたくらいです。

アルピニストの野口健(のぐちけん)さんに「なぜ山に行くのか?」という素朴な疑問を投げかけたことがあります。すると「都会にいるのが疲れちゃうんだよね」とおっしゃいました。気になってさらに突っ込んだ質問を重ねます。

「はっきり言って、死と隣り合わせになるぐらいつらいんだよ。なかでも雪山に入っていくことは特に。それでも、何のために行くかというと、自分に向き合いに行くんだ。自分が生きていることというか、喜びでもない、苦しみでも何でもない、『自分の生』にものすごく向き合うためなんだよ」

一瞬言葉を失うほど、圧倒されてしまいました。

喜びや苦しみというものを超えて無心になった先に、自分と向き合える瞬間があるということ。まさに「チューニングする作業のようだ」とおっしゃっていました。

野口さんの場合は登山によって外界の情報をシャットアウトし、自分の感情でさえ「雑音」として除去して無の状態になっていました。私たちが身近で実践するときは、**携帯やパソコンの電源を切るところから始める**といいかもしれません。メールが届いたり、携帯が鳴ったりしない時間を意図的につくりだします。慣れてきたら、一日その状態を継続してみましょう。

一日電源を切って一人になるだけで、情報がどれだけシャットダウンされ、自分自身と向き合えるか、ぜひ体験してほしいと思います。きっと驚くような体験があなたを待っています。

一心不乱に日曜大工に取り組む、日記を一週間分ただ書き続ける、ひたすらお風呂掃除をするなど、週末に無心になれる習慣を持つのもいいでしょう。

野球などのスポーツをやっている人なら、ひたすら素振りをしてみるのも、自分自身を無にしてくれるかもしれません。

無に近づけば近づくほど、自分にとって本当に大切なものが鮮明に見えてきます。

偏愛性はすべての人のなかに必ず眠っています。それを昇華させるためのアイデアやインスピレーションも、私たちは意外とたくさん持っています。ただ、雑音によって感情が乱され、感性がはたらかないことによって、大切なものがしっかりと認識できていないだけ。

**ちなみにトップリーダーたちがよく言うのは、「合理性」こそノイズである、**ということです。その声に耳を貸すことで、安易にそれらしい答えを選択したり、ミスを犯したりするそうです。彼らは本当に合理性を嫌いますね。
ノイズはそれだけ思いがけないところに潜んでいます。



## 非言語コミュニケーションに触れる

感性を高めるための創造ライフ、最後にお伝えするのは**「非言語コミュニケーションのすすめ」**です。

これからは「非言語コミュニケーション格差」がそのまま「リーダーの格差」になると言われています。非言語コミュニケーションとは、インスタグラムのように写真や動画をアップすることで成り立つ、言葉を主としないコミュニケーションです。その点では、ツイッターは言語コミュニケーションですが、ユーチューバーによる投稿は非言語コミュニケーションのモデルといえます。

非言語コミュニケーションは今若い世代を中心に、それこそＡＩとは比べものにならないスピードで急速に拡大しています。

デジタルネイティブといわれる彼らにとって、自分のアイデンティティを表現しようと思ったとき、言語というものを使うと正確に表現できず、アイデンティティが崩れてしまう可能性があるからです。言語を使うことで日本という「地域限定」でしか使えないアイデンティティになってしまうことへの葛藤もあるでしょうし、そもそも既存の言葉には合わない感情がたくさん存在しています。それは写真や映像で表現したほうがはるかに伝わり、また大きな共感を生み出すことができるのです。

非言語コミュニケーションが主流になるに従って、言語コミュニケーションは共感されなくなります。言葉では表しきれない、どのような感情を表現できるのか知っておきましょう。感性が時代遅れになってしまってはいけません。

**非言語コミュニケーションに触れる習慣としては、人気のアプリを体験することがお手軽です。**インスタグラムで写真を投稿するのはもちろん、今話題のストーリーズ（インスタグラム内の動画投稿サービス）やＴｉｋＴｏｋで動画による投稿を試していきましょう。

最初は知り合いや芸能人の投稿を真似て実践するのがおすすめです。

慣れてきたら、自分が伝えたいことを写真や動画だったらどう表現すればいいのかを考えて投稿してみます。リアクションや伝わり方を体験するだけでも、非言語コミュニケーションではどんなことが伝わりやすいのか、どんなテーマと相性がいいのかといったことが見えてきます。

言語では決して表現できない世界をのぞくと、思いがけない発見があるはずです。

# III

# 人に会う・コミュニティに参加する

# 新幹線や飛行機の座席は必ず「真ん中」を選ぶ

「Ⅰ 新しい体験をする」「Ⅱ 創造ライフを取り入れる」で自分自身の「芽」が見えてきたら、あとは「新しい人・コミュニティ」と出会うことで、それをより明確化していきます。

人と会ったりコミュニティに参加したりすることで、とくに「他者貢献」の側面が育ちます。「好きなこと」を見つけたら、その分野でどう自分は他者貢献するのか、それを明確にしていくことで、「共感」する力を高めることができます。

まずは**「偶然の出会い」をつかみにいく**ことです。

私たちの日常生活には「偶然の出会い」があふれています。その「偶然の出会い」が思いがけず自分に「大きなきっかけ」を与えてくれることもありますが、トップリーダーたちはそれを意識的に得るための努力を惜しみません。

たとえば新幹線に乗るとき、もし自由に座席を選べるとしたら、あなたはどの座席を選ぶでしょうか。

リクルート人材センター（現リクルートキャリア）のトップエージェントとして長年活躍し、現在はご自身の会社を立ち上げられている森本千賀子（もりもとちかこ）さんは、新幹線や飛行機に乗るとき、必ず3人席の「真ん中」の座席を選ぶといいます。なぜなら、**真ん中に座れば、両側の二人と会話できる可能性がある**からです。

そこでは世間話をするわけではありません。

初対面の相手に自分の仕事について、ビジネス・アイデンティティの観点から披露してみて、それがどれほど相手に伝わるか、相手の心に響くか、実際にビジネスにまでつながるか、ということを見ていきます。森本さんでいえば、リクルートの話をするのではなく、「人と人をつなげることをしたい」という自分の思いを軸に話をするということです。

初対面の相手との会話だからこそ相手の反応の良し悪しで、「好きなこと」に興味を持ってもらえるのか、「他者貢献の方法」に共感を得られるのか、といった部分を客観的に確認することができます。また、思いがけずアイデアをもらったり、自分のさらなる強みを教えてもらったり、そこからお仕事を依頼されることも何回もあるそうです。お仕事で成功されている人たちのなかには、飛行機に乗る際に自費を使ってでもファーストクラスを選び、メリットを享受しているという方も決して少なくありません。

ライフネット生命の取締役会長、岩瀬大輔（いわせだいすけ）さんも「偶然の出会い」を大切にしている一人です。経営者が集まる場に積極的に参加し、短い限られた時間のなかでもご自身のビジネス・アイデンティティを披露されています。

世界的なイノベーターの方ほど偶然に対する準備は誰よりも用意周到にしています。スタンフォード大学のジョン・D・クランボルツ教授が提唱した有名なキャリア理論に「planned happenstance theory（計画された偶発性理論）」という言葉がありますが、初対面の人が集まる場に積極的に参加するなどし、自分のアイデンティティを披露することで、自分の運命を変える「偶然」は引き寄せられるのです。

**なぜ「初対面」が大事かというと、初対面の人には必然的に自分のことを短い時間、短い言葉で説明して伝えなければいけないという「制約」が生まれるからです。**

そのときにどのような「伝え方」をすれば自分のビジネス・アイデンティティが伝わるのか、どの部分がいちばん他者貢献できるのか、もっといえば、どう伝えればより「価値化」できるのか、「改めて会いましょう」と言われるのか、そういったことが実感できます。

「偶然の出会い」を積極的に求めれば求めるほど、自分のビジネス・アイデンティティをアップデートできるのです。

習慣12

## 年下のメンターを持つ

あなたの偏愛する「好きなこと」が、時代遅れの産物になってしまってはいけません。なぜなら、時代遅れのものに需要は生まれず、せっかくのあなたの強みも、他者貢献に結びつかなくなってしまうからです。

とくにこれからの時代は、変化するスピードがますます加速していきます。そのためにも、自分の強みが「時代の不用品」になっていないかどうかを定期的に確認する習慣が大切です。

**そこで有効なのが「年下のメンター」を持つことです。**理由はごく単純で、社会を取り巻く環境や潮流を一番正確に把握しているのが若者だからです。

これまで数々の企業で要職を歴任し、現在はビザ・ワールドワイド・ジャパン株式会社の代表取締役社長を務める安渕聖司（やすぶちせいじ）さんは、自分が正しいと思ってやってきたことでも、年下の人と話をすると「自分のアイデアが古くなっている」と感じる瞬間があるそうです。また、医学博士で、東京大学教授、内閣特別顧問などを歴任された黒川清（くろかわきよし）先生も、あえて10代の若者や学生たちに積極的に声をかけて、情報を得るようにしているといいます。

たとえば今の社会ではもう「利益至上主義」は通用せず、「社会のために」というソーシャルな姿勢でなければ受け入れられませんし、ビジネスチャンスもありません。つまり「利益を求める」という部分に自分自身の「強み」を見出そうと思っても、それは「不要なアイデンティティ」です。

他者貢献できて、はじめてあなたのビジネスは意味を持ちます。あなたの「強み」が自分と社会をつなぐ「接点」になっていないといけないのです。「これまでの社会」ではなく「これからの社会」といかに接点を持つか、です。

社会の変化を生み出している若者にとっては「当たり前」の感覚ですが、旧来型の大手企業に所属する年配の人ほど、その変化を受け入れるのはひと苦労。認識することすらうまくできない人がたくさんいます。

だから年下のメンターを持つことで、より新しい社会における「強み」を身につけてほしいと思います。

メンターにすべき年下の人の選び方のポイントは以下のとおりです。

- **自分と異なる専門領域を持っている人（特に、自分にまったく知見がない領域）**
- **年齢差のある人（年が離れれば離れるほど違った知見を持っている）**
- **異性**
- **外国の人**

・違った文化背景のある人

じつはかくいう私も、めちゃくちゃ旧来型の人間です。最初に勤めた会社もそうでしたし、ずっと旧来型の経営者の方々と接してきて考え方を学んできました。「女性目線」の意見を求められてイベント出演などを果たしてきたこともありましたが、「女性」ということが強みになっている時点で「旧来型」の認識のなかにいたといえます。

私の場合は、フォーブス ジャパンを通して若いイノベーターの方々にたくさん出会い、自分の「古くなっている感覚」を認識することができました。年下の人との会話でしかわかりえないものは必ずあります。それを教えてくれる人を、「メンター」として自分のなかで設定しておくのです。



# コミュニティに参加してみる

新しいことを体験し、人との出会いを増やしても方向性がなかなか見つからないという人は、思い切って「コミュニティ」へ参加してみましょう。

今、ボランティア活動をしたり、NPO法人でアルバイトしたりするのでもいいですし、インターネットで見て気になっている人が主催しているオンラインサロンでもいいでしょう。

まずは、「こんな目標でやっています」と掲げているコミュニティにエイッと入ればいいのです。どこがいいかと悩む人もいると思いますが、次のポイントだけ意識すれば、自分が入るべきコミュニティ候補はグッと絞られてくるでしょう。

- **とにかく「壮大な目標」を掲げているコミュニティ**
- **「かっこいいと思える人」が所属しているコミュニティ**

壮大な目標を掲げるコミュニティは、言ってみればビジネス・アイデンティティが確立されているともいえ、そのもとに集まった人たちで生まれているビジネスがあります。組織のビジネス・アイデンティティがどのように社会と結びつき、ビジネスとして成立しているのかを直接知るにはうってつけです。

また、入ったからには「あなたは何がしたいの?」「何ができるの?」という役割を自然と与えられます。その役割を担いながら楽しいと思えて、しかも誰かの役に立っている。そんな**「貢献体験」**があなたの目指すべき方向を照らし出してくれるでしょう。

かっこいいと思える人が所属しているコミュニティを探して、そこに参加してみるのもひとつの手です。「かっこいい」と思う部分は、人柄でもいいし、実践していることでもいいし、考え方でも構いません。かっこいいと思える人には、自分が目指すべき方向性と重なる部分が必ずあります。

その人のコミュニティに参加すれば、何に一番熱中しているのか、どんなきっかけでそれを見つけたのか、どう他者貢献しているのかを間近で観察することができます。そのなかで自分が一番強みを発揮できる役割を見出せれば、自然とあなたの方向性も明確になっていくのです。

参加するコミュニティは、ボランティア活動やNPO法人、オンラインサロンに限りません。「貢献体験」ができるものであれば「勉強会」でもいいし、なんらかのプロジェクトに参加する、イベントのお手伝いをするなど、なんでも構いません。

地方だと都会に比べるとコミュニティの数も少なくなってしまいます。自分が参加しやすい範囲で、まずはコミュニティや勉強会を検索するところからはじめてみましょう。勉強会であれば、一度からでも参加できるので心理的なハードルもそこまで高くはありません。合わなければ、やめればいいだけ。

気軽な「貢献体験」が、あなたの背中をきっと力強く押してくれるきっかけになるはずです。

習慣14

## 自分が何レンジャーかを知る

コミュニティに参加して自分が「他者貢献」できる役割があるかどうか、不安な人もいるかもしれません。その不安がコミュニティに参加する意欲をかき消してしまうケースもあります。また、参加したコミュニティがイメージと違った、ということも起こりえます。

**そんなときは、ストレングスファインダーをやってみてはいかがでしょうか。**

ストレングスファインダーとは、一定の質問に答えることで自分が持つ「五つの強み」を分析してくれる、心理学をもとにした「強み発見ツール」です。的確にその人の強みを言い当てるのはもちろん、面白いのは「五つ」も教えてくれるところにあります。ひとつの側面ではなく五つの側面から見ることで、自分自身を俯瞰して「メタ認知」させてくれるのです。

ベストセラーとなった『さあ、才能に目覚めよう』（トム・ラス、日本経済新聞出版社）という本に詳しく紹介されているので、まだ未経験の方はぜひやってみてください。書籍を購入すれば、ストレングスファインダー専用のサイトＵＲＬとパスワードを取得できるので、すぐに実践できます。

自分の強みをただ知るだけではなく、**「チームで共有」**することが重要です。ストレングスファインダーの結果をチームで共有すれば、自分の「強み」のどの部分が他の人と重複しているのか、他のメンバーと重なっていない、自分にしかない「強み」は何か、ということが見えてきます。

ＩＴ評論家の尾原和啓さんは著書『モチベーション革命』で、**自分の「強み」がリーダーシップなら「赤レンジャー」、調整役なら「青レンジャー」というように、自分がチームのなかで「何レンジャー」の役割を担えるかを把握しておくことが大事**とおっしゃっています。

他者貢献できる自分の「強み」が明らかになれば、その「強み」に「熱中したいこと」を掛け合わせることで、それがそのまま自分のアイデンティティになります。あとは、その強みをどうすれば最大限生かせるかをコミュニティ内で話し合えば、それはますます磨かれていくでしょう。

もし参加するコミュニティが変われば、自分だけの「強み」も変わっていきます。あるチームでは「行動力」が強みだったけれど、別のチームでは行動力を持った人がたくさんいて、むしろ「慎重」という要素が強みになるかもしれません。

一度コミュニティに参加する経験を持てば、別のコミュニティに参加するハードルは格段に下がります。別のコミュニティにも気軽に足を運んでみたり、同じコミュニティのなかで別のプロジェクトやチームに参加したりして、「強みの共有」を試してみましょう。

「共有」を重ねるほど、自分のどの強みがオンリーワンになりやすいのか、という傾向もわかってきます。

試した数だけ、新しい自分に出会えるのです。

# 第5章

# マッド・ジーニアスを磨く

# 自分の「マッド・ジーニアス」に気づく

「画一的な正しさ」というのは危険です。

画一的な教育において「これが正しい」と教えられたことのなかから、創造的なビジネスのアイデアが生まれることはまずありません。そこには、本書でくり返し触れている、「偏愛」がどうしようもなく足りないからです。

いわゆる平均的な「秀才」を育てる日本の教育で身につく知識やスキルに対して、

**「マッド・ジーニアス」**という言葉があります。

アメリカを代表する成功哲学の講演家であるランディ・ゲイジ氏が同名の著書を2016年に出版しベストセラーになったことで知られるようになりました。日本では早川書房から『クレイジー・ジーニアス　世界を変える天才は君の中にいる』という邦題で翻訳されましたが、他者貢献につながる異能という意味合いを含めて考えると、本書では「マッド・ジーニアス」と表記したいと思います。意味としては、**一般的に「正しい」とされる評価からは外れるが、自分の得意分野において突出している「異常値」的な能力**のことと考えてください。

私はこの「マッド・ジーニアス」という言葉をもっと世に広める必要があると考えています。この言葉に触れることで、そうした能力を持っている人が自分の「マッド・ジーニアス」に気づく環境をつくることができるからです。

**「あの人、ほんとに変わってるよね」「ちょっとおかしくない?」「やめときなよ」と言われる部分にこそ、他者貢献を可能にする自分だけの能力が眠っているのです。**

マッド・ジーニアスは**「偏狭」のなかで発揮される能力**とも言いかえられます。

今までは学校、企業など大きな枠組みのコミュニティしかありませんでしたが、今ではSNSが発達したことで、あらゆる分野で大小さまざまなコミュニティが生まれてきています。そのなかで、マッド・ジーニアスを磨いた人ほど居場所が見つかりやすく、能力も発揮しやすい土壌ができつつあります。

たとえば、ただ「漫画が好き」というのではなく、「こういうジャンル」の「この漫画」の「こういうところがたまらなく好き」という、より狭い範囲で発揮される能力です。「漫画が好きでイラストを描いている」というよりも「歴史物の漫画が好きで、とくに突っ走りがちな大将の補佐をする参謀役を描くのが好き」などというほうが、その能力をいかんなく発揮できるコミュニティがたくさん見つかるのです。

平均的なスキルをまんべんなく身につけた「秀才」は、中途半端で代替可能な存在となり、どのコミュニティにも所属できない。そんな社会がもうすぐそこまでやってきています。

どの人にも、平均的な基準から大きく外れるような「あの人のここ、ちょっと普通じゃないよね」という部分が少なからずあるはずです。そうした**「異常な部分」を「異常」として捉えるのではなく、「マッド・ジーニアス」だと思って育てるようにする。**それを日常的に行ってほしいと思います。

もっといえば、単なる「情熱」では、様々な誘惑や環境の変化によって頓挫してしまうこともあるけれど、クレイジーなまでのエネルギーがあれば、その思いや偏愛性が潰えることはない、ということなのです。

理科は苦手でも「植物」の知識だけはどんどん覚えられるならそれを伸ばせばいい。歴史のなかでもとくに「エジプト文明」が好きなら、テストに出るかどうかは関係なくそれをもっと伸ばせばいい。

英語自体は苦手でも、小説の「原作」を読むのはなぜかできたり、恋愛映画は吹き替えより字幕のほうが好きだったり、海外の人とのコミュニケーションは楽しかったりということはよくあります。

自分の「やりたいこと」「熱中するほど好きなこと」とマッド・ジーニアスを掛

け合わせれば、それは間違いなくビジネス・アイデンティティとなるでしょう。

たとえば先ほどの「参謀役の武将のイラストが得意な人」の場合。

=歴史上の人物を皆に面白く伝えたい+参謀役を主人公にした物語で描く
**(熱中するほど好きなこと)** **(マッド・ジーニアスで他者貢献)**

魅力的な参謀役を生み出し、その新しい視点から歴史を捉えることでさまざまな駆け引きのある物語として、歴史が苦手な人でも楽しめるようなコンテンツを提供できるでしょう。

このようにマッド・ジーニアスを持っていると、より強くビジネス・アイデンティティを掲げることが可能になります。

もし同じ人が他に、「地元を盛り上げたい」ということに熱中できるのであれば、次のようなビジネス・アイデンティティも生まれます。

＝地元の良さを他県の人に知らせたい＋キャラを作って魅力を紹介
（熱中するほど好きなこと）　（マッド・ジーニアスで他者貢献）

自分の得意なことはできるだけ局地化して、マッド・ジーニアスとして育てていきましょう。**マッド・ジーニアスを持つことで、「自分の好きなことで他者に貢献する方法」が一気に広がります。**

つまり、マッド・ジーニアスを持つということは、ビジネス・アイデンティティの二つの側面のうち、「他者貢献」する方法を確立することでもあるのです。

もちろん、特別なマッド・ジーニアスがなくても他者貢献は可能です。しかしマッド・ジーニアスを磨いておけば、自分ならではのアウトプットが可能となり、それによって得られる成果も格段に大きくなります。せっかくなら、それを目指さない手はありません。

# 成功者とは、「マッド・ジーニアス」を見つけて育てるプロフェッショナルである

実際に公表している方もいますが、トップリーダーのなかにはＡＤＨＤ（注意欠陥・多動性障害、Attention-Deficit Hyperactivity Disorder）だと言われる人がたくさんいらっしゃいます。

自分のやりたいことがあると、空気を読まずにやり続ける――昔は「変わり者扱い」されておしまいでしたが、その偏愛性ゆえに集中してのめり込むこと、そしてそれを人前でも表現する人たちこそ、マッド・ジーニアスの「能力者」たちです。

たとえば、ＩＴ評論家の尾原和啓さんやベストセラー『はじめての課長の教科書』（ディスカヴァー）著者であり起業家の酒井穣（さかいじょう）さんなどイノベーターにはゲーマーの方も多く、10時間以上でもプレイできるとか、オンラインゲームでランキング上位にいるといった話が珍しくありません。彼らは成績も優秀だったため許されていたようですが、もし優秀な成績がなかったら「ダメな子」という烙印を押されていたことでしょう。

ウルシステムズ株式会社の漆原茂さんは「３・１４１５９２６５３５……」というように円周率をいつまでも唱えることができるそうです。周りの人からすると、「なんでそんな無駄なことを！」「そんなの覚えて意味あるの？」と思えるような行為ですが、それをすると今でも心が落ちつくとおっしゃいます。

漆原さんはその行為を「放っておかれた」ことによって、数字が好きな自分、数字に向かうときは集中できる自分に気づき、その後スタンフォード大学コンピュータシステム研究所客員研究員を経て、今の活躍を果たされています。

もし周りの声に従い、円周率を唱えることをやめていたら、今のご活躍は生まれていなかったかもしれません。

今イノベーターとして成功している人たちは、みなさんマッド・ジーニアスを磨くプロフェッショナルであることは間違いありません。**なぜプロフェッショナルなのかというと、日々の行動が、マッド・ジーニアスを磨くための「行動」に結びついているからです。**

くり返すようですが、マッド・ジーニアスは「偏狭」において発揮される力です。その偏狭は、「自分の好きな分野」と結びついているケースがほとんどなので、マッド・ジーニアスを磨いた人ほど、「好きなこと」も「他者貢献の方法」も明確で、影響力のあるビジネス・アイデンティティを構築しています。先ほどの円周率の例でいえば、100桁の円周率を覚えた人より、1000桁の円周率を覚えるまで熱中した人のほうが、より偏愛性も高く、共感も集めビジネス・アイデンティティの精度が上がります。

そして1000桁覚えた人にしかわからない経験で、他者に価値を提供することができるのです。

また、イノベーターの方々に学生時代の話を伺うと、彼らの通っていた高校や中学には、同じように偏愛性に富んだ先生がいらっしゃり、その方が、たとえば歴史の時間に自分の専門のところだけを教えていた、というような話を何度も耳にしました。

つまり、自分の「好き」に突き進むということを自身の教師から学ぶという経験をしているのです。

# 「面白いこと」をするより、「面白くないこと」をしない方法を考える

マッド・ジーニアスを磨くというのは、いわば究極のスペシャリストになるということです。

そのためには**「面白いことをしよう」と努力するよりも、「面白くないことはしない」と努力する**ことが大切です。「面白いこと」「好きなこと」を集中的に取り組むことでマッド・ジーニアスは成長していきます。

でも、それだけではうまくいきません。私たちは無意識のうちに行っている「面

白くないこと」に想像以上の時間や労力を奪われていますが、それがマッド・ジーニアスを生み出す「一点集中」の濃度を下げてしまうからです。

たとえば、人に会うのが苦手なのに、「経営者たるもの人に会わなければいけない」と思っている人が世の中にはたくさんいます。無理して人に会おうとして労力を払うことになり、好きなことに一点集中して割けるだけの余力がなくなります。苦手なことならわざわざする必要はまったくありません。

**「面白くないこと」はいかに「アウトソース」するかを考えましょう。**

手順としては次の二つのステップを踏めばそれで十分です。

**①無意識にやっている「面白くないこと」を見つける**
**②「苦手である、自分にはできない」と宣言する**

集団で行動することが嫌だったり、後輩を指導するのがつらかったり、計算が苦手だったりと、自分の仕事や日常生活を一度振り返って「面白くない」と思いながらもやっていることはないか、ピックアップします。

「面白くないこと」に気づいたら、早めに宣言することが肝心です。「私ってじつはこういうことが苦手なんだ」とまわりに言ってしまいましょう。

苦手なことを宣言するというのは、「自分はできない」ということを宣言しているようで抵抗感を抱く人もいるようですが、ちょっと視点を変えてみれば大丈夫だと気づきます。

**宣言することによって、じつはそれが得意な人は「私は得意です」と手を挙げやすくなりますし、ポジションをつくってあげることにもつながるからです。**ときにはその人のやりがいや生きがいをつくることにも貢献することがあるくらいです。

自分が興味を持たない仕事に対しては、興味のある人や専門性がより高い人に任せていくのが、誰にとっても合理的で効率的です。やりたくないことを他者に任せられたほうが、自分自身にとってもハッピーです。そのぶん、マッド・ジーニアスを磨いて専門性を高めることに集中できるからです。自分にとっても相手にとってもチームにとっても、プラスにしかなりません。

ちなみに、「苦手なこと」でもそれが「楽しいこと」であれば問題ありません。「自分を成長させてくれるか？」という成長軸で考えたときに、楽しめるものであれば、新たなマッド・ジーニアスの開拓につながります。「面白くないこと」をピックアップしたあと、「成長軸」で考えてみて、それでもやっぱりダメならキッパリやめる、そう考えてもいいかもしれません。

# 仕事が面白くなかったら、その理由を「因数分解」する

とはいえ、実際の現場ではこう思っている人も多いことでしょう。

「それができれば苦労しないよ」

「面白くないことをやめられる立場じゃないから苦労してるんだ」

「というか、面白くないことばかりの毎日だ」

その気持ちはよくわかります。でも私が出会ってきたトップリーダーたちは、面

白くないことの中に面白さを見つけることの天才でもありました。

言い方を変えれば、面白くないことのなかに面白さを見つけてこそ、マッド・ジーニアスは一気に磨かれ、昇華させることができます。腐ってしまうような仕事のなかにこそ面白い部分を見つける、彼らがやっているのは、そんなイメージだと思ってください。

具体的には、**「なんでこの仕事は面白くないいんだっけ？」という原点に立ち返って、「面白くない理由」を因数分解する**、ということです。

私はこの話をするとき、必ず二人の方の顔を思い浮かべます。

一人はパティシエの小山進（こやますすむ）さん。世界一のショコラティエになったカリスマですが、彼は最初、パティシエ志望にもかかわらず「キッチン仕事」ではなく「ホール仕事」をさせられていたと言います。

家族の大反対を押しきってまでパティシエを目指した矢先のホール仕事。面白いはずがありません。愚痴のひとつもこぼしたくなるものです。若手であれば、それに異を唱えてキッチンに入れてもらうことなど、とてもできないことも容易に想像ができます。

しかし、そこで小山さんはひとつだけ面白いことを見つけます。

それが「バターの形」です。

お客様にトーストを提供するときに、小山さんは「こんな四角のバターなんて嫌だなあ」と常々思っていたそうです。そこでバターを練って薔薇の形にして提供したら「まあ！　なんてすてきなバターなの！」とお客様からの反応が見えるようになって、「次はどんな形のバターを提供しようかな」と考えながらホール仕事をするようになると、どんどん仕事が面白くなっていったそうです。

そしてある日のこと。その会社の社長がバラの形のバターを見かけて「どうしてこんな人材がホールで働いているんだ！」と驚き、すかさずパティシエに抜擢。そうして、「世界の小山進」が誕生したのです。

もしホール仕事だからと腐っているだけだったら、パティシエに抜擢されるのはもっともっと後の話になり、「世界の小山進」は誕生していなかったかもしれません。

ここからは私の推測ですが、そこで小山さんは、ホールの仕事が面白くないと感じる理由を「因数分解」したのではないでしょうか。

・ホールは、パティシエには関係のない仕事だから（面白くない）
・ホールの仕事は、ただ料理を提供するだけだと思っていたから（面白くない）

こうしたことを考えて、だったら料理を提供する際に、パティシエにつながることはないかと発想して、「薔薇の形のバター」に行きついたわけです。

私が思い浮かべるもう一人は、元ソニー会長の出井伸之さんです。

出井さんもじつは過去に一度、子会社の倉庫に「左遷」されたことがあるそうです。左遷された先の職場としても、突然エリートの出井さんがやってくるわけですから、話しかけづらい雰囲気があったといいます。それまで目標を持って仕事をしてきたのに左遷の憂き目にあっては、腐ってしまっても仕方のないところでしょう。

しかし、出井さんは「車」が大好きだったことから、「マイカー出勤」に面白さを見出しました。好きな自動車を買って通勤し、ときには職場の人を乗せてドライブに出かけたりしているうちに、どんどん周囲に溶け込むようになったようです。次第に職場では、話しづらかった雰囲気はなくなり、人の輪が広がって、今でもその職場の人たちとは誰よりも仲がいいといいます。また、そのときにロジスティックの管理をしていたコンピューターと出会ったことが、その後のデジタル事業の仕事にも役立ったのです。

もし、「なんで俺が倉庫なんかに！」などと思って「面白さ」を見つける作業を怠っていたら、仕事も面白くないままで、職場の人たちとの溝も埋まらなかったでしょう。でも、「マイカー通勤」という「面白いこと」をひとつだけ見つけてそれを突破口にし、面白くない仕事を面白く変化させたのです。

しかも、これには豪華なオマケもついてきたと出井さんは言います。

この倉庫での仕事のときはいつも定時で終わったため、夜の自由時間が充実したとのこと。そしてその結果、現在にもつながる沢山の素晴らしい人脈ができたのだと。具体的には、劇団四季の故・浅利慶太さんや、丸井グループの名誉会長でいらっしゃる青井忠雄さん、田辺エージェンシーの田邉昭知さん、また、コーディネーターの加藤タキさんら、生涯を通じて人生を学び会える友人となったそうです。

**仕事が面白くないと感じる理由を因数分解すると、たいていは「決めつけ」や「プライド」という因数に行きつきます。**仕事自体が面白くない原因ではないのに、「ホールの仕事なんてパティシエには関係がない」「倉庫の仕事なんて俺がやる仕事じゃない」などという決めつけやプライドによって、仕事が面白くなくなっているのです。

本社勤務ではマイカー勤務なんてできないけど、倉庫勤務だからこそ楽しめる。逆境のなかで見出した面白さこそ、あなた特有のマッド・ジーニアスを形成してくれることもあるのです。

# 学ぶなら、経営学やマネジメントより「哲学」と「心理学」

効率性を高めて価値を生み出す「ＳＴＥＭ教育」が近年注目されていました。

「ＳＴＥＭ教育」とは、Science（科学）、Technology（技術）、Engineering（工学）、Mathematics（数学）の頭文字をとった理数系重視の教育モデルで、科学技術に長けた人材を育てることで国際競争力の向上につなげようとする取り組みです。

アメリカ発祥のこのモデルは、ロボットやＡＩにつながる分野でもあることから世界中で注目され、日本でも重視されています。

**しかし今、マーク・ザッカーバーグ氏などをはじめとして「哲学」「心理学」を学ぶリーダーが圧倒的に多くなっています。**もちろん、アカデミズムとして学ぶという側面もありますが、私の見解は少々異なります。学問として学ぶことは大前提にあるものの、**「宗教に代わる倫理観」**を求めているように感じられるのです。「寄りかかるべき規範」であり「自分自身を律する柱」を求めているといってもいいかもしれません。

「好きなことを仕事にする」課程において、自分自身の根っこにある柱が曲がっていては、誰からも支持されませんし、たとえ仮初めの成功を収めたとしてもそれはやがて腐っていってしまいます。悩んだとき、大きな判断をしなければならないとき、瞬時に行動しなければいけないとき、そういった「ここぞ！」というときに間違えずに自分を「正しい道」へ導いてくれる精神的支柱を持つことが、こと信頼資本主義社会においては大きな意味を持ちます。

では、どうやってその柱を持てばいいのか？

それを導いてくれるのが「心理学」や「哲学」なのです。

ここに目を向けて学ぶことができれば、自分が過酷な状況に陥ったり、難しい判断を迫られたりしたときでも、さまざまなノイズに惑わされずに正しい道を選択していけます。

思考の本質、行動の本質、そして自分自身という存在の本質――。

これは決して「ＳＴＥＭ教育」では導き出せない命題です。即物的に学問を身につけるよりも、より深い思考や精神性を身につけることで、新しい意味や価値観を見出す力もつくかもしれません。

心理学や哲学は、そんな「支柱」を太くする最適な分野なのです。

学び方に決まりはありませんが、私はまず**『夜と霧』（みすず書房）**を読むことをおすすめしています。

この本を通して私は救われたと言えるくらい、大きな学びを得ました。その学びは私の血肉となり、進む道に迷ったときは、今も私を最適な方向へと導いてくれます。

『夜と霧』はオーストリアのユダヤ人精神科医ヴィクトール・E・フランクルが、第二次世界大戦中に自らが体験したナチス強制収容所での体験を詳細に綴った一冊です。日本では1956年に初版が刊行されて以来、時代を超えたロングセラーとして読み継がれているので、ご存じの方も多いことでしょう。

本書によると、毎日人が大量に死んでいくという絶望的な状況の強制収容所において、最後まで生き残った人は、近視眼的な欲求ではなく「これをしたい」という中長期的な夢や目標を持つことができた人ばかりだったそうです。

どんなに目の前が真っ暗でも自分の今の状況を嘆くのではなく、メタ認知することで運命は変えられる、それを私に強烈に教えてくれました。そうして救われたのです。

決して大げさな表現ではなく「命」を救われたと思っています。

じつは数年前、母が突然難病になりました。

そのとき、0歳児の子育てが始まったところだったのですが、母がいきなり倒れて首から下が一切動かなくなったのです。父はというと、これまで家事をやってこなかったので掃除も洗濯も料理もできません。ずっと寝たきり状態で排泄も一人でできなくなった母は、次第に精神的にも病んでいき、父も介護うつになっていきました。

当時私は実家から1時間半くらいの場所に住んでいたのですが、そんな母を看、父を支えるために、新生児を抱えて走って介護に向かわなければいけません。頑張っても頑張っても報われず、理解されずに文句を言われることさえありました。そんな日々がいつ終わるとも知れず止めどなく続き、いつしか毎日毎日、「死にたい」とばかり思うようになっていたのです。

それでも、なんとか苦境を打開しようとしました。

介護を長年してきた専門家や介護・医療関係者にインタビューしたこともありました。でも、正直、完全に私が救われることはありませんでした。さまざまなことに「答え」を探して回りましたが、何も私を救ってくれるものはありません。介護に関する本もたくさん読みましたが、やはり何も変わりません。

そんなときです。

たまたま手に取った『夜と霧』に「生き方」の本質を教わったことで、まるで深い霧がパアッと弾け飛んで晴れたかのように苦しみが薄れ、肉体的にも精神的にも救われていきました。

気づけばもう、「死にたい」と毎日願う私はいなくなっていたのです。

「介護の体験をいつか本にしたい」

そんな長期的な目標を私は持つようになりました。そのための取材対象と思えば、母のことが客観的に見られるようになり、「娘」という視点でしか見られなかったときの苦しみがうそのようになくなっていきました。それまで得た知識を娘としてではなく、「プロ」からの意見としてアドバイスできるようにもなりました。

ちょっとしたことかもしれません。でも、私には当時、「自分自身を律する柱」のような存在がなかったために、解決策もわからず、何をしてもうまくいかず、それが毎日「死にたい」と思う気持ちを生んでいました。

それほど、自分自身が拠りどころにできる柱というのは重要です。

そしてそれは、心理学や哲学という分野によってしかもたらされません。人生における「分かれ道」の選択を間違えないことで、新たな人生の扉を開いてくれることさえあります。

事実、この出来事は、今私がフォーブス ジャパン編集部にいることとも無関係ではありません。

いつかこの経験を本にしたいという気持ちがあった私は、当時、経済ジャーナリストという肩書きで仕事をしていたにもかかわらず、介護や福祉の専門家の方にも取材をさせていただくようになっていきました。その思いがどんどん大きくなったことが、金融経済の分野から、フォーブス ジャパンというより幅広い分野へと活躍できる場所を求めるきっかけとなったのです。

## 「利他行動の循環」で成功も幸せもやってくる

今、世界は東洋思想的になっているのをひしひしと感じています。

他人や他社に「勝利」して一部の人だけがお金を得る「ピラミッド」のようなやり方ではなく、コミュニティのなかでお金や幸せをぐるぐると循環させる「円」のようなあり方に変わってきています。

近年注目されている、人や自然に優しい「サステナブル（持続可能）」な経営も、「利他行動の循環」という意味では、まさに「円」のあり方の象徴です。会社であれ人であれ、これだけ「信頼の可視化」が進む時代のなかでは、自分だけ成功を収めたり蓄えたりすることを止め、循環を起こす「ポンプ役」にならなければ、成功や幸せは巡ってきません。

貨幣ではなく信頼が一番の「通貨」となる信頼資本主義経済においては、「利他行動」が絶対に欠かせないキーワードになっていくのです。

脳科学者の中野信子(なかののぶこ)さんは利他行動について、とても興味深いお話をされています。**利他行動というのは、脳科学の視点から見ても「自分の幸せ」に直結する行動になっているというのです。**

脳は人に対する貢献と、自分自身に対する貢献を「混同」して感じるらしいというのが理由なのですが、「人のために何かをする」という気持ちが、「自分が人に何かをしてもらった」という気持ちと同じように感じられるというのは、じつに興味深い話です。

どれだけの範囲にわたって他者のことを考えられるのか、その範囲を脳における「配慮領域」と呼ぶそうですが、この領域が広い人ほど大きな幸福感に包まれるそうです。領域が広いというのは、たとえば今日明日のことではなく、10年後の未来まで配慮するという「時間的な広さ」と、自分自身だけではなく家族、親戚、友達、同僚、他人といった「距離的な広さ」の二つを表しています。

もともと脳には、より先の未来に向けて、より多くの人のために行動することで、大きな幸せを感じられる仕組みがあるのです。

それだけではありません。

人のために行動する人に対しては、周りの人が「手を差し伸べやすく」なります。そのため、他人から思いがけず助けてもらえる回数も自然と多くなります。トップリーダーの人たちは総じて「運がいい人」と言われますが、たくさん助けられた結果「運がいい」と言われ、結果的に、一人ではできないような大きなことが実現できるようになるのです。

確かにこれまでも「利他」ということは言われてきました。しかしそれは、お客様や顧客のための「利他」ということがほとんどでした。

でも、これからはお客様のための利他ではなく、「利己」と正反対の意味においての「利他」、つまり自分がコストを払ってでも世の中のために何かをしようという博愛的な意味合いの利他行動をいかにとるかが、自分の成否にも影響します。だからこそ、ライバル企業の社長さんに対してでも、自分のノウハウを教えることにためらいがないのです。

## あとがき

# 「ライフ・アイデンティティ」を見つけよう

熱中するほどやりたいことで、かつ他者貢献できるもの。

それがこれからのリーダーに必要な「ビジネス・アイデンティティ」です。これからAIが席巻する時代では代替可能な仕事しかできない「労働者」は淘汰されます。95%の人が好むマス向けの商品はすでに飽和状態となり、いくらAIで生産性や効率を求めてもこれ以上差別化することはできません。

そんな時代を打破していくのが、よりニッチな消費者の嗜好性に応えられるリーダーたちです。彼らは、これまでのリーダーとは大きく異なります。

「好き『に』仕事をする」のではなく「好き『を』仕事にする」人たちです。カリスマタイプではなく同級生タイプのリーダーで、専門的なスキルよりも偏愛・共感・信頼が求められます。

これまで「仕事」というと、「人がやりたくないことをしてお金を稼ぐ」というニュアンスが少なからずありました。でも、これからは「アイデンティティを実現することがお金になる」という図式こそが「仕事」となってくるように思います。**ワーク・ライフバランスではなく、落合陽一さんが提唱するように、「ワークアズライフ」を標榜できる人に、お金も人も集まるようになる**のです。ワークはお金を稼ぐものではなく、ワークがすなわち人生そのものに。お金を稼ぐための「労働としてのワーク」は、これからものすごいスピードで絶滅していくでしょう。

アイデンティティを軸に仕事をするということは、働き方が変わるだけの話ではありません。この働き方は、今の「定年退職」という制度にとらわれず、私たちの幸せを一生保証してくれるものでもあります。その意味でも、今「ワークシフト」するかどうかの判断は重要です。

超高齢化社会を迎える日本では、仕事をリタイアした後に「自分には価値がなくなった」と感じる人があまりにも多く、問題視されています。だからこそ、老後の過ごし方についての書籍や雑誌の特集が今も絶えないのでしょう。実際にリタイア後の人生をどう過ごすのかは、私たちの大きな課題となっています。

そんな日本の現状に対して以前、『LIFE SHIFT』の著者でもあるリンダ・グラットン氏とアンドリュー・スコット氏のおふたりにインタビューさせていただいたことがあります。そのなかでリンダ・グラットン氏は、**日本人が「有形資産」を幸福感の拠りどころにしすぎている**ことについて指摘をされていました。

有形資産というと、土地や建物、車、骨董品、そして現金や預貯金のように有形の資産を指します。仕事がなくなると有形資産の拠りどころがなくなることから、私たちは一緒に幸せも見失ってしまっているというのです。

リンダ・グラットン氏は、**これからは「無形資産」を幸福感の拠りどころにしなければいけない**、と警鐘を鳴らします。無形資産とは、著作権や商標権、そして文化やノウハウなど物的な実態が存在しない資産です。また、友人や家族、趣味などもここに含まれます。そして、**とくに「ビジネス・アイデンティティ」こそ究極の無形資産です。**

ビジネス・アイデンティティを軸に仕事をしていくと、やがてあなただけのコミュニティや幸せの形が自然と見えてくるようになります。すると、自分が一生過ごしていきたい「人生の理想形」が明確になり、自分がどう生きていきたいかがわかります。

アイデンティティという無形資産を持っていれば、会社を辞めようが、社会との接点があろうがなかろうが、その幸福感が失われることはありません。自分自身が「あるべき場所」に収まり、社会や会社に左右されない「究極的な幸せの形」を誰もが持てるようになります。**それが、あなただけの「ライフ・アイデンティティ」です。**

ビジネス・アイデンティティの先には、今とは異なる、でも間違いなく一生の幸せと呼べるものが待っています。自分が本当にやりたかったのはなんなのか、好きなことを仕事化できないのか、ぜひもう一度見直してほしいと思います。

すぐに見つからない人は、まず第4章でご紹介した習慣を取り入れて、自分自身に新鮮な刺激を与えることからはじめてほしいと思います。熱中するほど好きな「偏愛性」を見つけて、これからの第一歩を踏み出しましょう。

変化することは誰にでもできます。今からでも、できます。

あなたのライフ・アイデンティティは、どんな「幸せの形」をしているでしょうか。それを見つける旅は、もうすでに始まっているのです。

あなただけの「ライフ・アイデンティティ」を見つけて、一生稼ぎ、一生幸せと満足感に囲まれて生きる幸せを、その両手いっぱいに抱きかかえてほしいと思います。

◇

最後に、今回の執筆にあたり、たくさんの気づきを与えてくださった関係者の皆さま、そして、私を支えてくださるすべての皆さまに、心から感謝を申し上げます。

特に、ご多忙を極めるなかにおいても、常日頃から私にインスピレーションを与え続けてくださる、心から敬愛するおふたり。本書の推薦コメントを快く引き受けてくださった、クオンタムリープの出井伸之さん、そして、ＩＴ評論家の尾原和啓さんに心からの御礼を申し上げます。
いつも本当に有難うございます！

そして、本書をご担当くださったディスカヴァー・トゥエンティワンの名編集者、千葉正幸さん、そして、執筆をお手伝いいただいた綿谷翔さん。おふたりのお力をお借りしながら本書をつくりあげてきた時間は、とてもエキサイティングでありながら、時に（おふたりのほんわかしたキャラクターもあり）ほのぼのとした、私にとっては忘れられぬ楽しい日々となりました。本当にお世話になりました。有難うございます。

さらに、常に時代の一歩先を、世界のカッティングエッジを追求し続けている、優秀で、ポジティブで、カッコいい、尊敬すべきチームであるフォーブス ジャパンの皆さまにもこの場をお借りしてお礼を申し上げたいと思います。

あらためて、最後まで読んでいただき、本当に有難うございました。

本書を読んでくださった読者の皆さまが、自分の「好き」にあらためて気づき、そして、人生をより豊かに謳歌されることへのお手伝いが少しでもできたならば、幸いです。

谷本有香

## 参考文献

『WE ARE LONELY, BUT NOT ALONE.　現代の孤独と持続可能な経済圏としてのコミュニティ』
（佐渡島庸平、幻冬舎NewsPicks Book、2018）

『モチベーション革命　稼ぐために働きたくない世代の解体書』
（尾原和啓、幻冬舎NewsPicks Book、2017）

『シンギュラリティ大学が教える飛躍する方法　ビジネスを指数関数的に急成長させる』
（サリム・イスマイル、日経BP、2015）

『銀河ヒッチハイク・ガイド』
（ダグラス・アダムス、河出文庫、2005）

『さあ、才能（じぶん）に目覚めよう　あなたの5つの強みを見出し、活かす』
（マーカス・バッキンガム、日本経済新聞出版社、2001）

『クレイジー・ジーニアス　世界を変える天才は君の中にいる』
（ランディ・ゲイジ、早川書房、2017）

『はじめての課長の教科書』
（酒井穣、ディスカヴァー・トゥエンティワン、2008）

『変わり続ける　人生のリポジショニング戦略』
（出井伸之、ダイヤモンド社、2015）

「Forbes JAPAN」

世界のトップリーダーに学ぶ
# 一流の「偏愛」力

発行日　2018年　9月30日　第1刷

Author　谷本有香

Book Designe　西垂水敦・太田斐子(krran)

Publication　株式会社ディスカヴァー・トゥエンティワン
〒102-0093　東京都千代田区平河町2-16-1 平河町森タワー11F
TEL　03-3237-8321(代表)
FAX　03-3237-8323
http://www.d21.co.jp

Publisher　干場弓子
Editor　千葉正幸
編集協力:綿谷翔(こはく社)

Marketing Group
Staff　小田孝文　井筒浩　千葉潤子　飯田智樹　佐藤昌幸　谷口奈緒美
古矢薫　蛯原昇　安永智洋　鍋田匠伴　榊原僚　佐竹祐哉　廣内悠理
梅本翔太　田中姫菜　橋本莉奈　川島理　庄司知世　谷中卓
小木曽礼丈　越野志絵良　佐々木玲奈　高橋雛乃

Productive Group
Staff　藤田浩芳　原典宏　林秀樹　三谷祐一　大山聡子　大竹朝子　堀部直人
林拓馬　塔下太朗　松石悠　木下智尋　渡辺基志

Digital Group
Staff　清水達也　松原史与志　中澤泰宏　西川なつか　伊東佑真　牧野類
倉田華　伊藤光太郎　高良彰子　佐藤淳基

Global & Public Relations Group
Staff　郭迪　田中亜紀　杉田彰子　奥田千晶　李瑋玲　連苑如

Operations & Accounting Group
Staff　山中麻吏　小関勝則　小田木もも　池田望　福永友紀

Assistant Staff　俵敬子　町田加奈子　丸山香織　井澤徳子　藤井多穂子　藤井かおり
葛目美枝子　伊藤香　常徳すみ　鈴木洋子　石橋佐知子　伊藤由美
畑野衣見　井上竜之介　斎藤悠人　平井聡一郎

Proofreader　株式会社鷗来堂
DTP　有限会社一企画
Printing　大日本印刷株式会社



ISBN978-4-7993-2360-1